Sylwia Erdmanska-Kolanczyk

DIE POLNISCHE KÜCHE

TRADITIONELLE GERICHTE
NEU ZUBEREITET

Leopold Stocker Verlag
Graz – Stuttgart

Umschlaggestaltung:
Werbeagentur Rypka GmbH, 8143 Dobl, www.rypka.at

Alle Bilder stammen von der Autorin.

Der Inhalt dieses Buches wurde von der Autorin und vom Verlag nach bestem Gewissen geprüft, eine Garantie kann jedoch nicht übernommen werden. Die juristische Haftung ist ausgeschlossen.

Bibliografische Information der Deutschen Nationalbibliothek
Die Deutsche Nationalbibliothek verzeichnet diese Publikation in der Deutschen Nationalbibliografie; detaillierte bibliografische Daten sind im Internet unter http://dnb.d-nb.de abrufbar.

Hinweis: Dieses Buch wurde auf chlorfrei gebleichtem Papier gedruckt. Die zum Schutz vor Verschmutzung verwendete Einschweißfolie ist aus Polyethylen chlor- und schwefelfrei hergestellt. Diese umweltfreundliche Folie verhält sich grundwasserneutral, ist voll recyclingfähig und verbrennt in Müllverbrennungsanlagen völlig ungiftig.

Auf Wunsch senden wir Ihnen gerne kostenlos unser Verlagsverzeichnis zu:
Leopold Stocker Verlag GmbH
Hofgasse 5/Postfach 438
A-8011 Graz
Tel.: +43 (0)316/82 16 36
Fax: +43 (0)316/83 56 12
E-Mail: stocker-verlag@stocker-verlag.com
www.stocker-verlag.com

ISBN 978-3-7020-1815-3

Layout und Repro: Werbeagentur Rypka GmbH, 8143 Dobl

INHALT

GLOSSAR

Blaubeeren (Heidelbeeren, Schwarzbeeren)
Blumenkohl (Karfiol)
Brühe (Suppe)
Buletten (Laibchen)
Eigelb (Eidotter)
Eiweiß (Eiklar)
Gemüsebrühe (Gemüsesuppe)
Kohl (Kraut)
Konfitüre (Marmelade)
Möhren (Karotten)
Napfkuchen (Gugelhupf)
Plätzchen (Kekse)
Rinderbrühe (Rindsuppe)
Rote Bete (Rote Rüben)
Sahne (Obers)
Schälerbsen (getrocknete Erbsen, Spalterbsen)
Weißkohl (Weißkraut)
Wirsing (Kohl)

ALLGEMEINE INFORMATIONEN

Backtemperatur und Backzeit: Jeder Backofen bäckt anders, deshalb sind Temperatur- und Zeitangaben lediglich Richtwerte. Wenn nicht anders erwähnt, ist immer Ober-/Unterhitze gemeint.

Abkürzungen: EL (Esslöffel); TL (Teelöffel); KL (Kaffeelöffel); Msp. (Messerspitze); P. (Packung); Stk. (Stück).

Mengen: 1 Prise: so viel, wie zwischen Daumen und Zeigefinger Platz hat; 1 Schuss: ca. 2 cl; 1 Ei (Größe M): 50–55 g; 1 Eigelb: 15–20 g; 1 Eiweiß: 25–30 g; 1 Zwiebel: ca. 100 g; 1 kleine Zwiebel: ca. 70 g

Mehl: Die Typenbezeichnungen bei Mehl sind in Deutschland anders als in Österreich. Wenn nicht anders erwähnt, ist bei den Rezepten immer Weizenmehl der Type 405 gemeint, das in Österreich der Type W480 entspricht.

Mehlsorte	Deutschland	Österreich
Weizenmehl	Type 405	Type W480
Weizenmehl	Type 550	Type W700
Weizenmehl	Type 1050	Type W1600
Roggenmehl	Type 815	Type R500
Roggenmehl	Type 997	Type R960

Falls gewünscht, kann das Weizenmehl (oder zumindest ein Teil davon) auch durch Vollkornmehl oder Dinkelmehl ersetzt werden. Vorsicht bei Gebäck: Meist benötigen Vollkornmehl und auch Dinkelmehl etwas mehr Flüssigkeit als Weizenmehl.

VORWORT

Ich widme dieses Buch meiner Oma und meinem Opa, die mir eine wundervolle Kindheit ermöglicht haben und mir das Kochen und Backen beigebracht haben.

Kochen und Fotografieren sind Leidenschaften von mir, die ich mit möglichst vielen Menschen teilen möchte. Deshalb betreibe ich auch meinen Blog „mygoodlifelove.blogspot.com" und freue mich umso mehr, nun ein Buch über meine „kulinarischen Wurzeln", also über die polnische Küche, zu schreiben!

Ich denke oft mit Freude an meine Kindheit in Polen zurück. Aufgewachsen auf einem Bauernhof, war ich seit jeher von den vielfältigen Schätzen der Natur umgeben. Obst und Gemüse im eigenen Garten anzubauen, zu ernten und zu saisonalen, frisch zubereiteten Gerichten zu verarbeiten, wurde mir praktisch in die Wiege gelegt, denn in meiner Familie war das einfach selbstverständlich. So hat das Kochen schon immer eine wichtige Rolle in meinem Leben gespielt. Es gab immer selbst gebackenes Brot, Kuchen und Gebäck, die Eier dafür legten die eigenen Hühner, und auch viele andere Produkte haben meine Großeltern auf unserem Bauernhof selbst erzeugt. Daraus wurden die vielfältigsten Köstlichkeiten zubereitet, wie sie eben in Polen üblich sind.

Während ich die Rezepte für dieses Buch aufgeschrieben habe, sind unzählige Erinnerungen an meine Kindheit in mir wach geworden – unvergessliche Momente, wie Weihnachtsvorbereitungen oder andere Festtage, die in Polen üblicherweise mit vielen typischen Speisen verbunden sind …. Viele Rezepte, die Sie hier im Buch finden, sind sozusagen „Familienerbe", ich habe sie original übernommen, so wie sie bei uns immer schon zubereitet wurden, einige habe ich aber auch abgewandelt. Ich hoffe dass „meine" polnische Küche Ihnen, liebe Leserinnen und Leser, reichlich Anregungen bietet, um Neues auszuprobieren.

Lassen Sie sich entführen auf eine Reise durch Polen und in die polnische Küchentradition!

Sylwia Erdmanska-Kolanczyk

Im ältesten Freilichtmuseum Polens („Kaschubischer ethnografischer Park" in Wdzydze Kiszewskie) befinden sich 45 Bauwerke aus dem 18.–20. Jh. mit originalgetreu nachgebildeten Innenräumen und authentischer Ausstattung.

POLEN UND SEINE KÜCHENTRADITION

Den wundervollen Geschmack authentischer polnischer Gerichte schätzt man umso mehr, wenn man sich bewusst macht, dass die meisten Gerichte auf natürliche, gesunde Art, ohne Chemie und Konservierungsmittel, dafür aber mit großer Liebe und Leidenschaft zubereitet werden.

Die Wochenmärkte sind kleine Paradiese für Feinschmecker, dort findet sich alles frisch vom Baum, Feld oder aus dem Wald, aber auch selbst gemachte Butter, Käse, Honig und vieles mehr.

Die polnische Küche ist bunt, sehr vielseitig und kann den Einfluss ihrer Nachbarländer nicht verleugnen. Was heute bei polnischen Familien und in den Restaurants aufgetischt wird, ist das Ergebnis eines jahrhundertelangen Austauschs zwischen Polen und seinen Nachbarn. Die polnische Küche ist vor allem von der litauischen, russischen, deutschen, aber auch von der skandinavischen Küchentradition beeinflusst worden. Mit den Ukrainern teilt man die Liebe für *„Pierogi"*. Viele Gerichte gehen auch auf die jüdische Küche zurück, da viele Juden in Polen lebten.

Und selbst von Italien wurde die polnische Küche beeinflusst: König Sigismund I. heiratete im 16. Jh. die italienische Prinzessin Bona Sforza, die mit der damals typischen, fleischlastigen und deftigen litauischen und polnischen Küchentradition gar nicht glücklich war und die leichtere, abwechslungsreichere und ausgewogenere italienische Küche vermisste. Daher führte sie viele bis dahin in Polen unbekannte Gemüsesorten ein (z. B. Blumenkohl, Spinat, Tomaten, Gurken ...) – heute kann man sich die polnische Küche ohne Gemüsevielfalt nicht vorstellen. Gemüse wurde und wird zu vielen Gerichten verarbeitet, aber auch als Beilage gedünstet, gebraten oder gekocht und mit verschiedenen Saucen oder roh als Salatbeilage serviert.

REGIONALE BESONDERHEITEN

Dank unterschiedlichster klimatischer Verhältnisse und landschaftlicher Gegebenheiten ist die regionale Vielfalt an Speisen sehr groß. Jede Region hat ihre eigenen Traditionsgerichte und Spezialitäten, denn Tradition verbindet, hält zusammen und stärkt die Identität.

Der Süden des Landes ist für seine Piroggen mit Käse-Kartoffel-Füllung und für seine süßen Suppen bekannt, in Pommern werden mit Vorliebe Fischgerichte gegessen, und in Schlesien haben Klöße mit Rouladen und Rotkohl Tradition.

In Krakau werden gerne *„Obwarzanki"* gebacken, das sind Hefekringel, die oft mit Mohn oder Salz bestreut werden und jüdische Wurzeln haben. Berühmt ist auch der Krakauer Käsekuchen.

Eines haben jedoch alle Regionen gemeinsam, denn in Polen wird ein Sprichwort befolgt:

„Gast im Haus, Gott im Haus". Deshalb werden überall in Polen Gäste herzlich aufgenommen und mit dem Allerbesten aus der Küche bewirtet. Die Polen sind aber nicht nur sehr gastfreundlich, man wird auch nie mit leeren Händen nach Hause geschickt: Ob eingelegte Pilze oder selbst gemachte Salzgurken, man bekommt immer ein Stück „Zuhause" mit auf den Weg. Es gilt als unhöflich, diese Geschenke abzulehnen.

BELIEBTE ZUTATEN

Die polnische Küche ist sehr herzhaft. Fleisch- und Fischgerichte, Eintöpfe, Saucen und Suppen, Klöße, Piroggen, Mehlspeisen usw. gibt es in großer Vielfalt. Bei der Zubereitung vieler deftiger Gerichte spielen jedoch auch Gemüse, Kohl, Rote Bete, Rüben, Gurken und vor allem Pilze eine bedeutende Rolle.

Da weite Teile Polens dicht bewaldet sind, sind **Pilze und Beeren** in Hülle und Fülle zu finden. Daher ist auch das Pilze- und Beerensammeln der polnische Nationalsport Nr. 1! Steinpilze und/oder Pfifferlinge sind Grundzutaten vieler Fleischgerichte und Eintöpfe. Und aus den gesammelten Waldfrüchten werden Mehlspeisen, Kuchen, Marmeladen und Ähnliches bereitet.

Nüsse sind ebenfalls äußerst beliebt, und als bedeutender Produzent von **Äpfeln** wird auch dieses Obst in Polen dementsprechend häufig und gerne gegessen. Man genießt sie frisch vom Baum, im berühmten Apfelkuchen *„Szarlotka"* oder gebraten mit Honig und getrockneten Früchten.

Angeln ist ein weit verbreitetes Hobby in Polen, kein Wunder bei den tausenden Seen und Teichen, zahlreichen Flüssen und einer mehr als 500 Kilometer langen Ostseeküste! Deshalb hat **Fisch** als Lebensmittel in der polnischen Küche eine große Bedeutung. Zahlreiche verschiedene Fische wie Hecht, Zander, Wels und Aal werden gefangen und später gegrillt, gedünstet oder gebraten.

Die Polen lieben Würste und blicken auf eine lange Tradition der Wurstherstellung zurück. Sehr beliebt sind **Cabanossi**, dünne, trockene Würste, die es in vielen Varianten gibt und die gerne als Jause mitgenommen werden. Weitere beliebte Sorten sind:

- **Jägerwurst:** *„Myśliwska"*, getrocknete, zwei- bis dreimal mit Wacholder kalt geräucherte Wurst
- **Schlesische:** *„Śląska"*, Brüh- und Grillwurst mit kräftiger Gewürznote
- **Bockwurst:** *„Parówki"*, knackige Brühwurst
- **Zywiecka:** *„Kiełbasa żywiecka"*, geräucherte Brühwurst aus Schweinefleisch und einem kleinen Teil Rindfleisch aus der Region rund um die Stadt *Żywiec*
- **Krakauer:** *„Kiełbasa Krakowska"*, geräucherte Brühwurst, ursprünglich aus der Stadt Krakau
- **Blutwürste:** gibt es in vielen Varianten, sehr beliebt ist die Blutwurst mit Buchweizengrütze. Sie wird heiß mit frischem Brot gegessen.

An jede Ecke gibt es **Bäckereien** (*„Piekarnia"*), wo man eine unglaubliche Vielfalt an Gebäck findet: Ob Mischbrot, Weißbrot, Hörnchen oder Vollkornbrötchen, ob Krapfen, Liebesschleifen (*„Faworki"*, eine frittierte Mehlspeise), Mohn- oder Quarkkuchen und nicht zu vergessen verschiedenste Hefeteilchen mit Streusel (*„Drożdżówki"*) – hier bekommt man alles, was das Herz begehrt!

Was in keiner guten Bäckerei fehlen darf, sind die beliebten *„Karpatka"*. Das sind traditionelle Cremeschnitten aus Brandteig, die mit einer dicken Schicht Vanillepuddingcreme gefüllt und mit Puderzucker bestreut sind.

RUBIN
SZARA RENETA 2
BROKUŁ 4,50
Bella
AGREST PORZECZKA 9
BOROWKA Amerykańska 24

PIECZONA 25,50
WORZTA KASZUBSKA 29.20
ŚLĄSKA
ŻYWIECKA 24,90
ŁOPATKOWA 19,90
SZYNKOWA WP. 22,80 ZŁ / KG
JAŁOWCOWA 22,90
PRZYSMAK ŚNIADANIOWY 18,90 ZŁ

FAWORKI
Z PORZECZKĄ
CIASTKA TA KO
TARTOLETKA
CUKIERNIA
PTYŚKI
24,50 zł/kg
CUKIERNIA
EKLER
NA ŚMIETANIE

Der cremige Genuss schmeckt herrlich zum Nachmittagskaffee. Dieser wird manchmal auf „türkische Art" zubereitet (mit heißem Wasser aufgegossener, gemahlener Kaffee, der sich auf dem Tassenboden absetzt). Selbstverständlich gibt es auch Filterkaffee, und häufig wird sogar löslicher Kaffee verwendet. In Polen wird aber auch sehr gerne Tee getrunken, häufig mit einer Zitronenscheibe und Zucker.

Polen ist berühmt für seine vielen ausgezeichneten **alkoholischen Getränke**. Es gibt eine reiche Tradition des Bierbrauens, der Herstellung von Honigwein und hausgemachten Likören.

Die polnischen Wodkas in verschiedenen Geschmacksrichtungen werden aus Getreide (Weizen und Roggen) oder aus Kartoffeln gemacht. Sehr populär ist der *„Żubrówka"*. In jeder Flasche dieses Roggen-Wodkas steckt ein Halm Büffelgras. Dank dieser Zutat bekommt er sein unvergleichliches Aroma. Liköre (*„Nalewki"*) dürfen traditionsgemäß auch nicht fehlen, diese werden in vielen Familien aus Saisonobst und Kräutern noch selbst gemacht.

POLNISCHE HOCHZEITEN

Jede Feier ist in Polen untrennbar mit gutem Essen verbunden. So wird auch bei polnischen Hochzeiten darauf Wert gelegt, dass zahlreiche traditionelle Gerichte und Getränke aufgetischt werden. Braut und Bräutigam werden von ihren Eltern im Festsaal mit einem Spruch empfangen: „Wir begrüßen Euch mit Brot und Salz, mögen sie euch nie fehlen!"

Typische Gerichte bei einem polnischen Hochzeitsschmaus sind z. B. Hühnersuppe, Schweinekotelett, Hähnchenbrust, Kartoffelklöße, Bratensauce, verschiedene Salate und zum Nachtisch verschiedene Kuchensorten, Obst und Süßigkeiten. Später gibt es kalte Platten mit polnischen Spezialitäten, und um Mitternacht werden oft Kutteln, Gulasch oder die beliebte klare Rote-Bete-Suppe mit Kroketten aufgetischt.

Getrunken wird meist Bier, Wein und natürlich Wodka. Die Hochzeitstorte wird entweder nach dem Mittagessen oder um Mitternacht angeschnitten.

TYPISCHE GERICHTE IN POLEN

- *„Bigos"* (Eintopf), mit Kraut und Pilzen, Schweinefleisch und Wurst
- *„Gołąbki"* (Kohlrouladen), mit Hackfleisch und Reis gefüllt, häufig mit einer Tomaten- oder Pilzsauce gereicht
- *„Pierogi"* (Piroggen), polnische Variante der deutschen Maultaschen, die es sowohl mit herzhaften als auch süßen Füllungen gibt
- *„Żurek"* (saure Mehlsuppe), gehört ebenfalls in ganz Polen zu den Küchenklassikern, wird gelegentlich in einem ausgehöhlten Brotlaib serviert
- *„Barszcz czerwony"* (Rote-Bete-Suppe)
- *„Biała kiełbasa"* (weiße Wurst), mit Majoran abgeschmeckt, wird gekocht und warm gegessen (am besten mit Meerrettich), wird sehr gerne zum *„Żurek"* als Einlage hinzugefügt
- *„Flaki"* (pikante Suppe aus Kutteln)
- *„Mizeria"* (süß-saurer Gurkensalat), mit Sahne und Dill verfeinert
- *„Naleśniki z serem"* (Pfannkuchen), mit süßer Füllung aus einer Quarkmischung, im Sommer oft mit frischen Blaubeeren
- *„Kluski"* (Kartoffelklöße)
- *„Kotlet schabowy"* (Schweineschnitzel), die Polen sagen scherzhaft: „Von allen Gemüsesorten mag ich am liebsten Kotelett."
- *„Kaszanka"* (Blutwurst mit Graupen), wird in heißem Wasser erhitzt oder mit Zwiebeln angebraten serviert

BELIEBTES POLNISCHES FAST FOOD

- *„Zapiekanka"* (Baguette), mit Pilzen und Schinken belegt, mit Käse überbacken, mit Ketchup serviert
- *„Gofry"* (Waffeln), mit Obst und Schlagsahne
- *„Bób"* (gekochte Saubohnen), gesalzen

BELIEBTE MILCHPRODUKTE

- *„Twaróg"* (Weißkäse/Quark), ähnlich wie Hüttenkäse
- *„Oscypek"* (geräucherter Hartkäse aus Schafmilch), aus der Tatraregion/ Zakopane
- *„Zsiadłe mleko"* (Sauermilch)
- *„Bryndza"* (Frischkäse aus Schafmilch)
- *„Tylżycki"* (Tilsiter) und verschiede andere Schnitt- und Hartkäsesorten
- *„Maślanka"* (saures Milchgetränk), ähnlich wie Buttermilch, saurer Rahm oder Kefir

BELIEBTE SÜSSIGKEITEN

- *„Krówki"* (Karamellbonbons)
- *„Michałki"* (Schokopralinen mit Erdnüssen)
- *„Ptasie mleczko"* (Vogelmilch), eine Art Marshmallow mit Schokolade- und Vanillegeschmack
- *„Prince Polo"* (knusprige Waffel mit Schokolade)

In fast allen kleinen oder großen Supermärkten hat man die Qual der Wahl und kann sich eine bunte Tüte mit verschiedenen Arten von Süßigkeiten und Bonbons zusammenstellen.

MILCHBARS

Ein Überbleibsel des Sozialismus in Polen sind die sogenannten *„Bar Mleczny"* (Milchbars). Heute sind sie Nostalgie pur, eine Institution mit Kultstatus, in der man gratis eine Reise zurück in alte Zeiten macht.

Die erste Milchbar wurde 1896 in Warschau eröffnet. Vor der politischen Wende gab es rund 40.000 davon im ganzen Land. Dort bekam man gutes, preisgünstiges Essen, denn jeder sollte sich pro Tag eine warme, nahrhafte Mahlzeit leisten können. Nach 1989 wurden die meisten dieser Bars geschlossen, jetzt erleben sie eine neue Blütezeit und sind auf jeden Fall einen Besuch wert!

Der Name kommt daher, dass es dort früher ausschließlich fleischlose Produkte zu essen gab. Heute werden natürlich auch Fleischgerichte angeboten. Ob Professor oder Bauarbeiter, Student oder Rentner – in den Milchbars teilt man seinen Tisch mit unterschiedlichsten Zeitgenossen und isst gemeinsam polnische Hausmannskost.

TANTE-EMMA-LÄDCHEN

Natürlich gibt es auch in Polen ganz viele große Supermärkte, keine Frage. Anders als in Deutschland oder Österreich findet man jedoch abgesehen von den Supermärkten fast an jeder Ecke einen kleinen Lebensmittelladen (*„Sklep spożywczy"*), wo man Grundnahrungsmittel, Getränke und oft auch eine kleine Auswahl an Kosmetikartikeln, Zeitungen und Süßigkeiten kaufen kann und die auch oft bis spät am Abend geöffnet haben.

Die Verkäuferinnen und Verkäufer sind sehr freundlich, man tauscht sich aus, führt Gespräche über das Wetter und dies und das … Da kann das Einkaufen schon einmal länger dauern.

Ich liebe es, mich auf den Wochenmärkten inspirieren zu lassen und gleichzeitig die Bauern aus der Region zu unterstützen.

Die Speisensegnung am Karsamstag ist ein typischer Osterbrauch in Polen.

OSTERN IN POLEN

Polen ist ein sehr katholisches Land, das zeigt sich an allen wichtigen Feiertagen im Kirchenjahr. Ostern ist das höchste kirchliche Fest und ein großes Familienfest. Viele Polen halten sich noch an das religiöse Gebot, vor Ostern 40 Tage zu fasten. Erst am Ostersonntag wird mit dem Osterfrühstück das Fasten gebrochen.

Vor Ostern wird alles gründlich geputzt, damit vom Keller bis zum Dachboden alles glänzt und blitzsauber ist.

„Wielki Tydzień" (die Osterwoche) beginnt mit dem **Palmsonntag**. Diese im Christentum sehr bedeutsame Tag symbolisiert die Ankunft Jesu in Jerusalem. Am Palmsonntag werden in der Kirche die so genannten „Palmen" geweiht. Diese bestehen üblicherweise aus Weidenzweigen, die mit Buchsbaum und Blumen verziert werden.

Früher glaubte man, dass die während der Messe geweihten „Palmen" magische Kräfte besitzen und z. B. Krankheiten fernhalten. Nach der Messe berührte man sich gegenseitig mit den „Palmen" und wünschte einander Gesundheit, Reichtum und eine gute Ernte.

Am **Karfreitag** gedenken alle Christen der Kreuzigung von Jesus Christus, der für die Sünden der Menschen am Kreuz starb. Viele Katholiken verbringen den Karfreitag als Tag der Stille, der Dunkelheit, der Trauer und der Besinnung. An diesem Tag werden in vielen Kirchen Darstellungen des Kreuzweges veranstaltet, es findet eine symbolische Prozession statt, an deren Ende der Leib Jesu zu Grabe getragen wird.

Der Karfreitag ist ein strenger Fasttag, Fleisch findet man an diesem Tag auf keinem polnischen Tisch. Anders als in Deutschland sind an diesem religiösen Feiertag die Geschäfte wie üblich geöffnet. Die Menschen gehen ihrer Arbeit nach oder sie erledigen am Karfreitag die letzten Einkäufe.

Am **Karsamstag** werden in den Familien die letzten Festvorbereitungen getroffen, es wird nach traditionellen alten Rezepten gekocht und gebacken. Die Kinder gehen mit bunt gestalteten, vollgefüllten Osterkörben in die Kirche und lassen die Speisen segnen. Selbst die Wahl und die Ausstattung des Osterkorbes erfolgt nach strengen Richtlinien. Der Korb sollte aus natürlichen Materialien, am besten aus Weide, bestehen. Innen ist er mit einer weißen Serviette ausgekleidet. Meine Oma hat für uns speziell zu diesem Anlass eine schöne Serviette bestickt. Gefüllt wird der Osterkorb mit Fleisch und Wurst, Brot, Eiern, einer Lammfigur, Salz und Pfeffer, Meerrettich und einem kunstvollen Osterkuchen.

SYMBOLIK DER SPEISEN AUS DEM OSTERKORB

Die geweihten Speisen aus den Osterkörben spielen die zentrale Rolle beim opulenten Frühstück, mit dem am Ostersonntag die 40-tägige Fastenzeit beendet wird. Das **geräucherte Fleisch** und die Würste im Osterkorb symbolisieren Wohlstand und Reichtum.

Die **Eier** in den Osterkörben sind nicht einfach nur gefärbt, sondern oft kunstvoll verziert. Sie sind wunderschöne kleine Kunstwerke. Das Ei gilt auch als Symbol für neues Leben, also für die Auferstehung.

Das **Brot** symbolisiert den Leib Christi.

Die **Lammfigur** soll den Sieg und Triumph Christi symbolisieren, während der **Meerrettich** für die Qual steht, die Jesus erleiden musste.

Salz und Pfeffer bedeuten Reinigung, während der **Kuchen** („*Babka wielkanocna*") als ein Symbol für Geschick und Können gilt.

Für die gläubige Bevölkerung geht es beim Osterfest in erster Linie um das Sterben und die Auferstehung Jesu Christi, aber natürlich suchen auch polnische Kinder am **Ostersonntag** bunte Eier, Schokolade und andere Süßigkeiten, die der Osterhase versteckt hat.

Der Ostersonntag beginnt am sehr frühen Morgen mit einem Auferstehungsgottesdienst.

Danach eilen alle nach Hause zum großen Osterfrühstück, man feiert und ist glücklich, dass die Fastenzeit vorbei ist. Der Ostertisch wird mit einer weißen Tischdecke gedeckt und natürlich festlich geschmückt, mit Frühlingsblumen, Festtagsgeschirr, schönem Besteck, Servietten usw. Die geweihten Speisen werden aufgetischt, und die Familie versammelt sich an der reich gedeckten Tafel.

Bevor man sich an den Tisch setzt, nimmt jedes Familienmitglied von den gesegneten Speisen ein bereits geschältes und halbiertes geweihtes Osterei. Jeder geht auf jeden zu, man umarmt sich, spricht Glück- und Segenswünsche aus und teilt ein Stückchen vom Ei mit jedem, dem man gratuliert.

Abgesehen vom Osterfrühstück werden an den Osterfeiertagen generell viele traditionelle Gerichte aufgetischt. Auf keinen Fall fehlen dürfen z. B. die klassische Sauermehlsuppe „*Żurek wielkanocny*", „*Babka*" (ein Hefekuchen), „*Sernik*" (Käsekuchen), „*Makowiec*" (Mohnkuchen), unser typischer Gemüsesalat mit Mayonnaise, verschiedene Fleischsorten und Wurstspezialtäten.

Im Allgemeinen wird auch der **Ostermontag** mit der Familie verbracht. Allerdings steht an diesem Tag ein anderer Brauch im Mittelpunkt. Dann ist nämlich „*Śmigus-Dyngus*", und Ostern in Polen wird zur feucht-fröhlichen Angelegenheit. Da ist jeder gut beraten, selbst bei strahlendem Sonnenschein regenfeste Kleidung zu tragen.

An diesem Tag bewaffnen sich die Männer mit Eimern, Töpfen, Kannen und ähnlichen Gefäßen, die mit Wasser gefüllt werden können. Damit begießen die Männer alle Frauen, denen sie begegnen. Früher drangen die Männer am Ostermontag frühmorgens heimlich in die Häuser ein, um ihren auserwählten Frauen ein nasses Erwachen zu bescheren.

Je hübscher ein Mädchen ist, desto eifriger bemühen sich alle, sie mit Wasser zu bespritzen. Es kann sogar vorkommen, dass Frauen, die übersehen und nicht nass gespritzt werden, beleidigt sind. Die nassen Mädchen kreischen, aber insgeheim freuen sie sich, denn es heißt, dass diejenigen, die trocken bleiben, im selben Jahr nicht heiraten werden!

Dieser Brauch symbolisiert die winterliche Reinigung, die Freude am Frühlingserwachen und an der blühenden Natur.

Er soll aber nach christlicher Lesart auch an die Geburtsstunde des polnischen Katholizismus erinnern. Im Jahre 966 wurde der polnische König Mieszko I. getauft, damit nahmen die Polen den christlichen Glauben an.

WEIHNACHTEN IN POLEN

Polnische Weihnachten sind geprägt von vielen Traditionen. Zu den Festtagen wird groß gefeiert, und die Tische biegen sich förmlich unter einer Vielzahl an Weihnachtsköstlichkeiten! Tagelang vorher wird mit den Vorbereitungen begonnen, es wird gekocht, gebraten, gebacken. Und im Kreise der Familie werden all die wunderbaren Speisen genossen – definitiv nichts für „Wenig-Esser"!

Meine Kindheitserinnerungen an die Weihnachtszeit sind zauberhaft und romantisch. Die Küche meiner Großeltern hat sich immer schon Anfang Dezember in eine Weihnachtsbackstube verwandelt. Den Duft von frisch gebackenen Plätzchen, Lebkuchen usw. habe ich auch heute noch in der Nase. Aber so richtig nach Weihnachten hat es für mich erst gerochen, wenn mein Großvater am Heiligen Abend den Weihnachtsbaum aufgestellt hat. Dieser harzige Duft von Tannennadeln, vermischt mit den Düften aus der Küche, wo sich meine Großmutter um die Vorbereitung des Festtagsessens gekümmert hat, das war für mich Weihnachtsduft!

Gemäß dem Motto „Ein froher Gast ist niemals Last" wird zu Weihnachten in Polen ein Gedeck zusätzlich aufgedeckt, falls unerwartet ein einsamer Besucher kommt. Denn zu Weihnachten soll niemand allein sein.

TRADITIONEN RUND UM WEIHNACHTEN

Weihnachtsbaum: Üblicherweise hilft die ganze Familie beim Schmücken des Tannenbaums. Äpfel, getrocknete Orangenscheiben, Süßigkeiten, bunt verzierte Lebkuchen und Strohsterne – damit wurde traditionell der Weihnachtsbaum geschmückt. Viele Familien halten auch heute noch an dieser Tradition fest, aber auch moderner Christbaumschmuck wie glitzernde Kugeln und dergleichen zieren so manche Tanne.

Weihnachtsessen: In Polen kommt zu Weihnachten nicht einfach irgendetwas auf den Tisch. Strenge Bräuche und Traditionen legen die Speisenfolge fest. Nach einem dieser althergebrachten Bräuche sollen am Heiligen Abend zwölf Gerichte serviert werden – ursprünglich alle fleischlos, denn der 24. Dezember war ein strenger Fasttag.

Diese zwölf Gerichte sollen an die zwölf Apostel erinnern und zudem Glück für jeden Monat des neuen Jahres bringen. Natürlich muss jeder einzelne von allen zwölf Speisen probieren.

Tischschmuck: Zu Weihnachten wird das schönste und wertvollste Geschirr hervor-

Weihnachten ist auch in Polen ein Familienfest. Früher wurde der Tannenbaum mit Äpfeln, getrockneten Orangenscheiben, bunt verzierten Lebkuchen und Strohsternen geschmückt.

geholt, und der Tisch wird festlich gedeckt. Es wird immer ein Teller mehr aufgedeckt, als Leute im Haus sind, was bedeuten soll, dass am Weihnachtstisch auch ein unangekündigter Gast Platz findet, denn niemand soll zu Weihnachten alleine und einsam sein.

SYMBOLIK WEITERER WEIHNACHTSBRÄUCHE

Auf dem Weihnachtstisch darf ein schöner **Teller mit Stroh und Oblaten** nicht fehlen. Das Stroh erinnert an das Stroh in der Krippe, die Oblaten symbolisieren Jesus.

Auch unter den Tisch legt man nach altem Brauch einen kleinen **Ballen Stroh**. Jedes Familienmitglied zieht einen Halm aus dem Strohballen, und derjenige, dessen Strohhalm am längsten ist, soll angeblich am längsten leben. Auch dieser Brauch erinnert an Jesu Geburt in einem Stall und dass das Jesukind in eine mit Stroh gefüllte Krippe gelegt wurde.

Wichtig ist auch eine **Kerze auf dem Tisch**, unter der ein **Geldstück** zu finden ist. Dieses soll vor Armut schützen.

DER HEILIGE ABEND

Traditionell wird tagsüber am 24. Dezember gar nichts gegessen. Erst wenn der **erste Stern** am Himmel zu sehen ist, fängt die Weihnacht an. Natürlich sind die Kinder ungeduldig und schauen die ganze Zeit aus dem Fenster, denn jeder will der Erste sein, der den Stern entdeckt.

Wenn der erste Stern am Himmel steht, also gegen ca. 16:30 oder 17 Uhr, liest das Familienoberhaupt aus der Bibel das **Weihnachtsevangelium**, die Geschichte von der Geburt Jesu, bricht anschließend Oblaten und verteilt sie an die Familienmitglieder. Jeder teilt mit jedem eine **Oblate**, als Zeichen der Versöhnung im Namen Christus des Erlösers. Man wünscht einander alles Gute und vergisst jeden Streit.

Die ganze Familie versammelt sich in dem Raum, wo schon der geschmückte Christbaum steht und der festlich gedeckte Tisch wartet. Nun werden nach alten Familienrezepten zubereitete typische Festtagsgerichte aufgetischt.

In Polen gibt es zahlreiche Sprichwörter, die mit Essen und Trinken zu tun haben. So sagt man z. B.: „Der beste Schatz für einen Mann ist eine Frau, die kochen kann." „Fehlt das Brot im Haus, zieht der Friede aus." Oder: „Ein Gläschen in Ehren kann niemand verwehren."

TYPISCHE WEIHNACHTSGERICHTE

Zur polnischen Weihnachtstafel gehört traditionell der **Weihnachtskarpfen**, der bei vielen Familien einige Tage vor dem Fest in der Badewanne schwimmt, damit er so frisch wie möglich zubereitet werden kann. Ich kann mich noch erinnern, dass wir Kinder für den Karpfen immer einen Namen ausgesucht haben. Wenn dieser Fisch dann aufgetischt wurde, habe ich immer geweint und wollte auf gar keinen Fall davon essen. Der Karpfen soll Glück bringen, und wer ein paar Schuppen von ihm im Portemonnaie aufbewahrt, soll nach altem Volksglauben das ganze Jahr Glück und Geld haben.

Auf keinen Fall darf zu Weihnachten eine **klare Rote-Bete-Suppe** mit **kleinen Teigtaschen mit Pilzfüllung** (*„Barszcz z uszkami"*) fehlen.

Weitere traditionelle Vorspeisen sind z. B. **Pilzsuppe, Krautgerichte oder Teigtaschen mit Sauerkraut-Pilz-Füllung** (*„Pierogi"*).

Als Hauptspeisen wird Fisch in allen möglichen Variationen gereicht, z. B. **Karpfen in Aspik, Sahnehering, Fisch auf griechische Art** und noch viele andere Spezialitäten.

Wichtiger Bestandteil der Weihnachts-Festtafel sind auch süße Gerichte und Kuchen. **Mohnkuchen** ist ein absolutes Muss. Zudem werden je nach Region unterschiedliche Süßspeisen mit Mohn zubereitet, wie z. B. *„Kutia"*, ein **Dessert aus Weizen, Mohn, Rosinen, Honig und Nüssen** oder *„Makówki"*, eine **Schichtspeise aus Mohn, Rosinen, Milch und Brötchenscheiben**. Neben **Weihnachtsplätzchen** und **Lebkuchen,** die auf dem reich gedeckten Weihnachtstisch nicht fehlen dürfen, gibt es in Polen zu Weihnachten traditionell auch viele bunte Süßigkeiten.

Eine weihnachtliche Besonderheit in kommunistischen Zeiten waren Orangen, Mandarinen und Walnüsse.

Nach dem Festmahl am Heiligen Abend werden gemeinsam **Weihnachtslieder** gesungen, und anschließend wird die Geduld der Kinder belohnt. Endlich ist es so weit, die heiß ersehnte **Bescherung** findet statt.

Um Mitternacht wird die *„Pasterka"*, die Weihnachtsmesse, besucht. Auch in der Kirche werden Weihnachtslieder gesungen, besonders beliebt ist die polnische „Weihnachtshymne", *„Bóg się rodzi"*.

Der erste und zweite Weihnachtsfeiertag sind traditionell für Familie und Freunde reserviert, denn Weihnachten verbringt und genießt man mit seinen Lieben!

SUPPEN & VORSPEISEN

BLUMENKOHLSUPPE

Zupa kalafiorowa

Diese feine sommerliche Suppe schmeckt am besten, wenn sie mit frischem Gemüse zubereitet wird!

Schwierigkeitsgrad: einfach | **Portionen:** 4–6 | **Arbeitszeit:** 20 Min. (ohne Garzeit)

ZUTATEN

500 g Blumenkohl
300 g Möhren
200 g Kartoffeln
1 Zwiebel
2 EL Butter
1 EL Öl
1,2 Liter Wasser
1 TL Salz
frisch gemahlener Pfeffer
100 g Sahne
2 EL fein gehackter Dill

ZUBEREITUNG

Blumenkohl in kleine Röschen teilen, Möhren und Kartoffeln schälen und in Würfel schneiden.
Zwiebel schälen und fein schneiden, Butter und Öl in einem Topf erhitzen, Zwiebel darin glasig dünsten.
Vorbereitetes Gemüse zufügen, kurz mitbraten und das Wasser sowie die Gewürze hinzufügen.
Alles aufkochen und zugedeckt bei mittlerer Hitze 20 Minuten garen.
Sahne in die Suppe einrühren und Dill hinzufügen.
Die Suppe abschmecken und servieren.

TOMATENSUPPE

Zupa pomidorowa

Tomatensuppe ist die Lieblingssuppe der Polen. Meistens wird sie mit Nudeln oder Reis gegessen.

Schwierigkeitsgrad: einfach | **Portionen:** 4–6 | **Arbeitszeit:** 25 Min. (ohne Garzeit)

ZUTATEN

1 kg sonnengereifte Tomaten
1 kleine Zwiebel
2 Knoblauchzehen
1 EL Öl
1 EL Butter
300 ml Hühner- oder Gemüsebrühe
1 EL Zucker
½ TL Salz
frisch gemahlener Pfeffer
2–4 EL Sahne

TIPP

Die Suppe wird meistens mit gekochten Nudeln oder Reis serviert. Dafür etwa 125 g Nudeln oder Reis nach Packungsanleitung kochen.

ZUBEREITUNG

Tomaten waschen, die Stielansätze entfernen und das Fruchtfleisch in Stücke schneiden.
Zwiebel und Knoblauch schälen und fein hacken.
Öl mit Butter in einem Topf erhitzen, darin Zwiebel und Knoblauch glasig dünsten.
Tomatenwürfel, Brühe, Zucker, Salz und Pfeffer hinzufügen, zum Kochen bringen und etwa 15 Minuten bei schwacher Hitze mit Deckel kochen.
Die Suppe pürieren, anschließend noch einmal aufkochen, 2–3 Minuten köcheln lassen, mit Salz und Pfeffer abschmecken und mit Sahne verfeinern.

SALZGURKENSUPPE

Zupa ogórkowa

Der Klassiker unter den Suppen! Für diese polnische Gurkensuppe braucht man eingelegte Salzgurken, auf keinen Fall Essiggurken!

Schwierigkeitsgrad: einfach | **Portionen:** 4 | **Arbeitszeit:** 20 Min. (ohne Garzeit)

ZUTATEN

200 g Kartoffeln
150 g Möhren
80 g Selleriewurzel
300 g Salzgurken
(Rezept siehe S. 76)
80 g Lauch
1 EL Butter
1 EL Öl
1,5 L Hühnerbrühe
½ TL Salz
frisch gemahlener Pfeffer
150 g Crème fraîche oder Sahne

2 Stängel frischer Dill

TIPP

Die Hühnerbrühe kann man durch Wasser ersetzen, aber dann muss man die Suppe kräftiger würzen.

ZUBEREITUNG

Kartoffeln schälen in Würfel schneiden, Möhren und Sellerie schälen und grob raspeln. Salzgurken ebenfalls grob raspeln, Lauch putzen, waschen und in Ringe schneiden.
Butter und Öl in einem Topf erhitzen und Lauchringe darin glasig dünsten.
Kartoffeln, Sellerie und Möhren zufügen, mit Hühnerbrühe ablöschen, salzen und pfeffern.
Suppe aufkochen und das Gemüse zugedeckt bei mittlerer Hitze 15 Minuten garen.
In den letzten 5 Minuten geraspelte Salzgurken in die Suppe geben und mitkochen.
Crème fraîche oder Sahne mit 4 Esslöffeln von der Suppe verquirlen, diese Mischung in die Suppe rühren, kurz aufkochen lassen.
Falls nötig, mit Salz und Pfeffer abschmecken, mit fein geschnittenem Dill garniert servieren.

ERBSENSUPPE
MIT SCHWEINERIPPCHEN

Grochówka

Dieses nahrhafte Gericht ist nicht nur bei der polnischen Bundeswehr beliebt. Der deftige Eintopf ist ein perfektes Mittagessen an kalten Tagen!

Schwierigkeitsgrad: einfach | **Portionen:** 8–10 | **Arbeitszeit:** 25 Min. (ohne Garzeit)

ZUTATEN

300 g grüne halbe Schälerbsen (Spalterbsen)
300 g rohe Schweinerippchen
2 Liter Wasser
600 g Kartoffeln
120 g Möhren
100 g Petersilienwurzel
150 g Selleriewurzel
100 g geräucherter Speck
1 EL Öl
einige Stängel frische Petersilie

GEWÜRZE

1 TL Salz
frisch gemahlener Pfeffer
1 Lorbeerblatt
4 Wacholderbeeren
1 EL Majoran

TIPP

Dazu kann man frisches Schwarzbrot oder Baguette reichen.

ZUBEREITUNG

Erbsen in einem Sieb mit kaltem Wasser abspülen, Rippchen in einzelne Stücke schneiden und unter fließendem kaltem Wasser abbrausen.
Schweinerippchen und Erbsen in einen Topf geben, mit frischem kaltem Wasser aufgießen und zum Kochen bringen.
Bei schwacher Hitze 45 Minuten kochen lassen, von Zeit zu Zeit den Schaum, der sich beim Kochen auf der Oberfläche bildet, entfernen.
Kartoffeln, Möhren, Petersilienwurzel und Selleriewurzel schälen und in Würfel schneiden.
Nach 45 Minuten Kochzeit das vorbereitete Gemüse und die Gewürze zu den Rippchen und den Erbsen hinzufügen und die Suppe weitere 20 Minuten bei mittlerer Hitze kochen.
In der Zwischenzeit den Speck kleinwürfelig schneiden, im erhitzten Öl in einer Pfanne knusprig anbraten und zur Suppe hinzufügen, eventuell mit Salz und Pfeffer nachwürzen.
Mit fein gehackter Petersilie bestreut servieren.

MEERRETTICHSUPPE

Zupa Chrzanowa

Die Suppe wird traditionell zu Ostern serviert, ist aber auch unter dem Jahr sehr beliebt.

Schwierigkeitsgrad: einfach | **Portionen:** 4–6 | **Arbeitszeit:** 20 Min. (ohne Garzeit)

ZUTATEN

200 g Kartoffeln
100 g Möhren
1 Zwiebel
1 Knoblauchzehe
1 EL Butter
1 EL Öl
1,3 Liter Gemüsebrühe
200 g geräucherte Mettwürste
1 TL Salz
frisch gemahlener Pfeffer
2–3 EL Sahne-Meerrettich (aus dem Glas)
100 g Crème fraîche oder saure Sahne

4 hart gekochte Eier (Gr. M)

ZUBEREITUNG

Gemüse schälen und in Würfel schneiden, Zwiebel und Knoblauch schälen und fein würfeln.
Butter und Öl in einem Topf erhitzen und darin Zwiebel und Knoblauch glasig dünsten.
Kartoffeln und Möhren zufügen und mit der Brühe ablöschen.
In Scheiben geschnittene Mettwürste sowie Salz und Pfeffer dazugeben.
Die Suppe aufkochen und das Gemüse bei mittlerer Hitze 25 Minuten garen.
In den letzten 5 Minuten Meerrettich in die Suppe geben und mitkochen, falls nötig, nachwürzen.
Am Ende der Kochzeit Crème fraîche oder saure Sahne mit 4 Esslöffeln von der Suppe verquirlen und in die Suppe rühren.
Die Eier schälen und vierteln, die Suppe in Tellern anrichten, die Eierspalten in die Suppe geben und servieren.

PILZSUPPE

Zupa grzybowa

In Polen ist das Pilzesuchen eine sehr beliebte Freizeitbeschäftigung. Die gesammelten Waldpilze werden frisch zu köstlichen Gerichten verarbeitet oder eingelegt.

Schwierigkeitsgrad: einfach | **Portionen:** 6–8 | **Arbeitszeit:** 15 Min. (ohne Garzeit)

ZUTATEN

300 g Pilze (Steinpilze, Pfifferlinge, Champignons ...)
500 g Kartoffeln
1 Zwiebel
1 EL Öl
1 EL Butter
80 ml trockener Weißwein
1 Liter Gemüsebrühe
½ TL Salz
frisch gemahlener Pfeffer
150 g Sahne
etwas Thymian oder Petersilie (nach Belieben)

ZUBEREITUNG

Pilze putzen und klein schneiden, Kartoffeln schälen und würfelig schneiden, Zwiebel schälen und fein hacken.
Öl mit Butter in einem Topf erhitzen, Pilze und Zwiebel darin anbraten.
Kartoffeln zugeben und kurz mitbraten, dann mit Weißwein ablöschen und kurz aufkochen lassen.
Gemüsebrühe sowie Salz und Pfeffer zugeben und die Suppe zum Kochen bringen, ca. 20 Minuten köcheln lassen, bis die Kartoffeln weich sind.
Sahne zugeben, mit Thymian oder frisch gehackter Petersilie abschmecken.

TIPP

Die Suppe mit Baguette oder einem Stück Brot servieren.

SAUERKRAUTSUPPE

Kapuśniak z kiszonej kapusty

Die polnische Sauerkrautsuppe ist sehr schmackhaft und zeichnet sich vor allem durch ihren unverwechselbaren säuerlichen Geschmack und den hohen Vitamin-C-Gehalt aus.

Schwierigkeitsgrad: einfach | **Portionen:** 10 | **Arbeitszeit:** 15 Min. (ohne Garzeit)

ZUTATEN

500 g rohe Schweinerippchen
2,5 Liter Wasser
400 g Sauerkraut
600 g Kartoffeln
100 g Möhren
100 g Petersilienwurzel
150 g Selleriewurzel
100 g geräucherter Speck

GEWÜRZE
1 TL Salz
frisch gemahlener Pfeffer
1 Lorbeerblatt
1 TL Majoran
1 TL Kümmeln
4 Wacholderbeeren

2 Stängel frische Petersilie

ZUBEREITUNG

Schweinerippchen in einzelne Stücke schneiden und unter fließendem kaltem Wasser abbrausen.
Anschließend in einen Topf geben, mit frischem kaltem Wasser übergießen und zum Kochen bringen, auf niedriger Stufe 30 Minuten köcheln lassen.
Von Zeit zu Zeit den Schaum, der sich beim Kochen auf der Oberfläche bildet, entfernen.
Sauerkraut klein schneiden, Kartoffeln schälen und in Würfel schneiden.
Wurzelgemüse schälen und grob raspeln, Speck kleinwürfelig schneiden.
Nach 30 Minuten Gemüse (außer das Sauerkraut), Speck sowie Gewürze in die Suppe geben und 15 Minuten mitkochen.
Dann das Sauerkraut hinzufügen und weitere 10 Minuten kochen.
Suppe mit Salz und Pfeffer abschmecken und mit fein gehackter Petersilie garnieren.

FISCHSUPPE

Zupa rybna

Seit jeher war Fischsuppe ein Gericht, das am königlichen Hof ebenso aufgetischt wurde wie in ländlichen Hütten. Heute wird die Suppe oft freitags oder am Heiligen Abend gegessen.

Schwierigkeitsgrad: einfach | **Portionen:** 8 | **Arbeitszeit:** 20 Min. (ohne Garzeit)

ZUTATEN

150 g Möhren
100 g Selleriewurzel
70 g Petersilienwurzel
80 g Lauch
1 Zwiebel
1 EL Butter
1 EL Öl
1,5 Liter Gemüsebrühe
2 Lorbeerblätter
4 Pimentkörner
frisch gemahlener Pfeffer
Salz
500 g Dorsch- oder Seelachsfilets
2 EL Tomatenmark
2 Stängel frischer Dill

ZUBEREITUNG

Möhren, Sellerie- und Petersilienwurzel schälen und grob raspeln.
Lauch waschen und in dünne Ringe schneiden, Zwiebel schälen und fein würfeln.
Butter und Öl in einem Topf erhitzen, darin Zwiebel und Lauch glasig dünsten.
Geraspeltes Gemüse zugeben und mit Brühe ablöschen, danach Gewürze dazugeben.
Die Suppe aufkochen und zugedeckt bei mittlerer Hitze 25 Minuten köcheln lassen.
Für die letzten 10 Minuten den in grobe Stücke geschnittenen Fisch und das Tomatenmark zugeben und bei geringer Hitze mitkochen.
Die Suppe mit fein gehacktem Dill bestreuen und servieren.

TIPP

Sie können sowohl frische als auch tiefgefrorene Fischfilets verwenden. Letztere vor dem Zugeben zur Suppe auftauen lassen. Vorsicht beim Essen, in den Fischfilets können vereinzelt Gräten sein.

GRAUPENSUPPE

Zupa Krupnik

Das Besondere an dieser traditionellen, vor allem im Winter beliebten Suppe aus der polnischen Küche sind die Perlgraupen. Die Konsistenz der Suppe spielt eine große Rolle, sie darf nicht zu dick- und nicht zu dünnflüssig sein.

Schwierigkeitsgrad: einfach | **Portionen:** 6–8 | **Arbeitszeit:** 20 Min. (ohne Garzeit)

ZUTATEN

200 g Möhren
170 g Selleriewurzel
80 g Petersilienwurzel
200 g Kartoffeln
40 g Lauch
1 kleine Zwiebel
1 EL Butter
1 EL Öl
5 EL Perlgraupen (mittel)
1,5 Liter Fleischbrühe
½ TL Salz
frisch gemahlener Pfeffer
1 EL fein gehackte Petersilie

TIPP

Die Fleischbrühe kann man durch Wasser ersetzen, in diesem Fall muss man die Suppe kräftiger würzen.

ZUBEREITUNG

Wurzelgemüse und Kartoffeln schälen und in Würfel schneiden.
Lauch waschen und in feine Ringe schneiden, Zwiebel schälen und fein würfeln.
Butter und Öl in einem Topf erhitzen und Zwiebel darin glasig dünsten.
Gemüse, Kartoffeln und Perlgraupen zufügen und mit der Brühe ablöschen.
Salz und Pfeffer dazugeben, die Suppe aufkochen und zugedeckt bei mittlerer Hitze 25 Minuten garen.
Vor dem Servieren die Suppe mit Salz und Pfeffer abschmecken und mit Petersilie bestreuen.

POLNISCHE SAUERMEHLSUPPE

Żurek

In vielen Regionen Polens wird am Ostersonntag diese traditionelle Suppe serviert. Ihre Hauptzutat ist ein Sud aus vergorenem Roggenschrot („Zakwas" bzw. Żurek-Sud), den es in polnischen Lebensmittelgeschäften bereits fertig zu kaufen gibt.

Schwierigkeitsgrad: mittel | **Portionen:** 6–8 | **Arbeitszeit:** 20 Min. (ohne Garzeit)

ZUTATEN

400 g Kartoffeln
300 g Möhren
1 kleine Zwiebel
1 große Knoblauchzehe
500 g polnische Weißwürste*
1 EL Öl
1,3 Liter Wasser
1 EL Majoran
½ TL Salz
frisch gemahlener Pfeffer
500 ml Żurek-Sud
(oder selbst gemachter „Zakwas", Rezept siehe unten)
4 hart gekochte Eier
1 Stängel Petersilie

*** Alternativ kann man andere Würste wie z. B. Cabanossi oder Mettwürstchen verwenden.**

ZUBEREITUNG

Kartoffeln und Möhren schälen und klein würfeln, Zwiebel und Knoblauch schälen und fein hacken, Würste in Scheiben schneiden.

Öl in einem Topf erhitzen, darin Zwiebel, Knoblauch, Wurstscheiben und Gemüse anschwitzen.

Mit Wasser ablöschen, Majoran, Salz und Pfeffer zufügen und ca. 20 Minuten köcheln lassen.

Żurek-Sud zur Suppe geben ca. 5 Minuten weiterköcheln lassen, mit Salz und Pfeffer abschmecken.

Die Eier schälen und halbieren, die Suppe in Tellern verteilen und die Eier hineingeben.

Mit Petersilienblättern garniert servieren.

„ZAKWAS" (SELBST GEMACHTES SAUERTEIGKONZENTRAT)

Man kann den „Zakwas" ganz einfach selbst herstellen: 7 EL Roggenschrot und 500 ml lauwarmes Wasser in ein Einmachglas füllen, 1 kleines Stück Sauerteigbrot dazugeben. Glas nicht verschließen, sondern ein Stück Backpapier über die Öffnung legen und mit einem Haushaltsgummi fixieren. Mit einer Gabel Löcher ins Papier stechen und das Glas 3–4 Tage bei Raumtemperatur stehen lassen. In dieser Zeit vergärt der Schrot. Jeden Tag einmal durchschütteln.

EIERSALAT
MIT KAISERBRÖTCHEN

Sałatka jajeczna i Bułka Kajzerka

Der allseits beliebte Eiersalat ist ein Klassiker, der schnell und einfach zuzubereiten ist. Die Kombination aus hart gekochten Eiern, fein gehacktem Schnittlauch und cremigem Dressing ist einfach köstlich. Dazu schmeckt ein Stück frisches Schwarzbrot oder noch besser: selbst gebackene Brötchen wie Kajzerka!

Schwierigkeitsgrad: leicht | **Portionen:** 4 | **Stückzahl:** 8 Stück
Arbeitszeit: 15 Min. (ohne Wartezeit)

ZUTATEN

SALAT
4 hart gekochte Eier
100 g Lauch (nur vom weißen Teil)
100 g Cornichons (oder andere kleine saure Gürkchen)
100 g Mais aus der Dose
100 g Schmand oder Crème fraîche
50 g Mayonnaise
1 EL Schnittlauchröllchen
½ TL Salz
½ TL Pfeffer

BRÖTCHEN
20 g frische Hefe
190 ml lauwarmes Wasser
450 g Weizenmehl
2 EL weiche Butter
1 ½ TL Zucker
½ TL Salz
1 Ei

* Stempel für Kaiserbrötchen (Kaisersemmeln) sind in gut sortierten Fachgeschäften für Küchenbedarf oder für Backwaren bzw. online erhältlich.

ZUBEREITUNG

Brötchen: Hefe zerbröseln und mit lauwarmem Wasser vermischen mit dem Mehl und den übrigen Teigzutaten vermischen und mindestens 5 Minuten gut verkneten, danach zugedeckt an einem warmen Ort ca. 30 Minuten gehen lassen.
Salat: Die Eier schälen und in kleine Würfel schneiden. Den Lauch gründlich waschen und in feine Streifen schneiden, die Cornichons klein würfeln, alle Salatzutaten in einer Schüssel gut vermischen und abschmecken. Den Salat im Kühlschrank ziehen lassen.
Den Teig in 8 gleich große Stücke teilen. Jedes Teigstück zu einer Kugel formen und mit der Hand in kreisenden Bewegungen auf der Arbeitsfläche rund wirken. Die Teiglinge auf ein mit Backpapier belegtes Blech legen und mit etwas Wasser bestreichen, mit einem Stempel* für Kaiserbrötchen das Muster in die Teigstücke drücken.
Die Brötchen im auf 180 °C vorgeheizten Backofen ca. 15 Minuten goldbraun backen.

TATAR

Tatar

Tatar ist in Polen eine sehr beliebte Vorspeise. Dieses Gericht besteht aus rohem, fein gehacktem Rinderfilet, das erst auf dem Teller je nach persönlichem Geschmack mit rohem Eigelb, gehackter Zwiebel, Salz, Pfeffer und Öl abgeschmeckt wird. Egal ob polnische Hausfrau oder Restaurant – jeder hütet das eigene erprobte und einmalige Rezept!.

Schwierigkeitsgrad: einfach | **Portionen:** 4 | **Arbeitszeit:** 20 Min.

ZUTATEN

300 g Rinderfilet
1 Zwiebel
100 g Essiggürkchen (Cornichons)
2 EL Öl
½ TL Salz
frisch gemahlener Pfeffer
4 Eigelb

TIPP

Für Tatar sollte man unbedingt absolut frisches Rinderfilet beim Metzger des Vertrauens kaufen! Dazu reicht man Brot oder Baguette.

ZUBEREITUNG

Rinderfilet waschen und trocken tupfen, erst in dünne Scheiben und dann in feine Würfel schneiden, anschließend mit einem großen, scharfen Küchenmesser durchhacken, sodass ein möglichst feines Tatar entsteht.
Zwiebel schälen und sehr fein würfeln, Essiggürkchen ebenfalls fein würfeln.
Tatar mit Öl, Salz und Pfeffer gut vermengen, bei Bedarf nachwürzen.
In 4 Portionen teilen und diese auf Tellern anrichten, in die Mitte des Tatars eine kleine Mulde drücken.
In jede Mulde vorsichtig ein Eigelb geben.
Cornichons und klein gehackte Zwiebel in kleinen Schälchen extra dazu reichen, so dass jeder das Tatar selbst damit würzen kann.

MATJESHERING
MIT SAURER SAHNE, APFEL UND ZWIEBEL

Śledz w śmietanie z jabłkiem i cebulą

Diese beliebte Vorspeise wird – mit gekochten Kartoffeln serviert – zu einem vollwertigen Mittagessen, das häufig freitags serviert wird. Denn auch heute noch essen viele Menschen in Polen aus religiösen Gründen am Freitag kein Fleisch.

Schwierigkeitsgrad: einfach | **Portionen:** 4 | **Arbeitszeit:** 15 Min. (ohne Wartezeit)

ZUTATEN

250 g in Öl eingelegte Matjesheringe
3 EL Apfelessig
2 Äpfel
1 kleine Zwiebel
200 g saure Sahne

ZUBEREITUNG

Matjesheringe in ca. 2 cm große Stücke schneiden und in eine Schüssel geben, mit dem Apfelessig vermischen.
Äpfel schälen und in kleine Würfel schneiden, Zwiebel schälen und fein hacken.
Anschließend alle Zutaten gut vermengen und ca. 1 Stunde durchziehen lassen.

ROTE-BETE-HERINGSSALAT
MIT EIERN

Sałatka śledziowa z buraczkami i jajkami

Rote Bete und Eier sind unverzichtbare Zutaten für diese traditionelle Version von Heringssalat, die ursprünglich in Polen entstanden ist. Die gelungene Kombination von Fisch mit Obst und Gemüse, süßen und sauren, knackigen und cremigen Zutaten macht den Salat unglaublich aromatisch und schmackhaft.

Schwierigkeitsgrad: einfach | **Portionen:** 4 | **Arbeitszeit:** 20 Min. (ohne Wartezeit)

ZUTATEN

250 g gekochte Rote Bete
1 Apfel
1 Zwiebel
3 kleine Essiggurken
100 g Crème fraîche
100 g Mayonnaise
1 TL Zucker
½ TL Salz
Pfeffer
6-8 Matjesfilets
2 hart gekochte Eier

TIPP

Am besten schmeckt der Salat gut gekühlt.

ZUBEREITUNG

Die Rote Bete schälen und in kleine Würfel schneiden. Den Apfel waschen, falls gewünscht schälen, vierteln, entkernen und kleinwürfelig schneiden. Die Zwiebel schälen und fein hacken. Die Essiggurken abtropfen lassen und fein würfeln.

Alle Zutaten (außer Hering und Eier) gut miteinander vermischen. Den Salat etwa 20 Minuten ziehen lassen, dann abschmecken.

Die Matjesfilets trocken tupfen und in mundgerechte Stücke schneiden. Die hart gekochten Eier schälen und kleinwürfelig schneiden. Die Heringsstücke sowie die Eier locker unter den Salat heben.

ROTE-BETE-SUPPE
MIT FRISCHEN KNOLLEN UND BLÄTTERN

Zupa Botwinka

Sobald frische junge Rote Bete erhältlich sind, landen diese fast bei jedem Einkauf in meinem Korb. Allein durch ihre tolle Farbe verleiten sie zu den kreativsten Küchenexperimenten! Probieren Sie z. B. das folgende Rezept mit frischen jungen Rote-Bete-Blättern und -Knollen. So schmeckt der Frühsommer für mich.

Schwierigkeitsgrad: einfach | **Portionen:** 6–8 | **Arbeitszeit:** 25 Min. (ohne Garzeit)

ZUTATEN

300 g Kartoffeln
100 g Möhren
100 g Petersilienwurzel
1 Bund junge Rote Bete* (ca. 350 g)
½ TL Salz
frisch gemahlener Pfeffer
1,5 Liter Hühnerbrühe

4 hart gekochte Eier
4 EL fein gehackter Dill
150 g Crème fraîche

*** Junge Rote Bete sind in Bio-Läden, auf Märkten oder bei türkischen, russischen oder polnischen Gemüsehändlern erhältlich.**

ROTE BETE ...

... schmecken süßlich-erdig und verleihen jedem Gericht eine intensive Farbe. Aber nicht nur die Knollen sind schmackhaft und gesund – auch die Blätter können gegessen werden!

ZUBEREITUNG

Kartoffeln, Möhren und Petersilienwurzel schälen und in Würfel schneiden.
Blätter der Roten-Bete abschneiden, waschen, auslesen und klein schneiden.
Rote-Bete-Knollen waschen, vom Stielansatz und den Wurzelenden befreien, schälen und in feine Stifte oder sehr kleine Würfel schneiden.
Das vorbereitete Gemüse, Salz und Pfeffer sowie die Brühe in einen Topf geben und auf den Herd stellen, aufkochen lassen und das Gemüse zugedeckt bei mittlerer Hitze 15 Minuten garen.
Zum Schluss die geschnittenen Rote-Bete-Blätter zur Suppe geben und ca. 5 Minuten mitköcheln lassen.
Die Eier schälen und halbieren, die Suppe in Tellern verteilen und die Eier hineingeben.
Mit fein gehacktem Dill und einem Klecks Crème fraîche garniert servieren.

ROTE-BETE-SUPPE

Barszcz ukraiński

Diese in Polen sehr beliebte Suppe hat ihren Ursprung in der heutigen Ukraine. Im Vergleich zum Original wurde die polnische Variante etwas abgewandelt. Jede Hausfrau bereitet die Suppe auf ihre eigene Art zu. Durch den hohen Anteil an Gemüse ist die Suppe sehr gesund und nahrhaft.

Schwierigkeitsgrad: einfach | **Portionen:** ca. 8 | **Arbeitszeit:** 25 Min. (ohne Garzeit)

ZUTATEN

150 g Kartoffeln
100 g Möhren
100 g Petersilienwurzel
100 g Selleriewurzel
100 g Weißkohl
200 g gekochte Rote Bete
1 Zwiebel
2 Knoblauchzehen
1 EL Butter
1 EL Öl
200 g weiße Bohnen (aus der Dose)
2 Liter Fleischbrühe
150 g Crème fraîche oder saure Sahne

GEWÜRZE
2 Lorbeerblätter
4 Pimentkörner
frisch gemahlener Pfeffer
½ TL Salz

TIPP

Man kann nach individuellen Vorlieben entscheiden, wie dickflüssig die Suppe sein soll. Wenn sie zu dickflüssig scheint, einfach etwas Wasser hinzufügen, ist sie zu dünnflüssig, einfach 1-2 Kartoffeln mehr dazugeben.

ZUBEREITUNG

Kartoffeln und Wurzelgemüse schälen und in Würfel schneiden.
Vom Weißkohl die äußeren Blätter und den Strunk entfernen und den Rest fein schneiden.
Rote Bete schälen, grob raspeln und beiseitestellen.
Zwiebel und Knoblauch schälen und fein hacken, Butter und Öl in einem Topf erhitzen, Zwiebel und Knoblauch darin glasig dünsten.
Vorbereitetes Gemüse und abgetropfte Bohnen zufügen und mit Brühe ablöschen.
Gewürze dazugeben, die Suppe aufkochen lassen und zugedeckt bei mittlerer Hitze 20 Minuten köcheln lassen.
Dann die geraspelte Rote Bete in die Suppe geben und weitere 5 Minuten kochen.
Die Suppe anrichten und mit einem Klecks Crème fraîche garniert servieren.

HAUPTSPEISEN & BEILAGEN

POLNISCHER SAUERKRAUTEINTOPF

Bigos

Dieser Eintopf gilt in Polen durchaus als „Nationalgericht", fast jede Familie hat ihr eigenes Rezept dafür. „Bigos" wird häufig im Winter gekocht, auch zu Weihnachten wird die Speise oft aufgetischt. Beliebt ist der Eintopf auch wegen seiner langen Haltbarkeit. Und aufgewärmt wird er noch schmackhafter, weshalb er oft auf Vorrat gekocht wird.

Schwierigkeitsgrad: mittel | **Portionen:** ca. 8 | **Arbeitszeit:** 30 Min. (ohne Garzeit)

ZUTATEN

500 g Schweinefleisch (Gulaschfleisch)
1 Zwiebel
3 EL Öl
800 ml Wasser
30 g getrocknete Pilze
1,5 kg Sauerkraut
300 g Mettwurst
4–5 Trockenpflaumen
1 EL Tomatenmark

GEWÜRZE
1 TL Salz
frisch gemahlener Pfeffer
1 Lorbeerblatt
2 TL Majoran
4 Wacholderbeeren

TIPP

Dazu passen Kartoffeln oder dunkles Bauernbrot. Je öfter man dieses Gericht aufwärmt, desto besser schmeckt es.

ZUBEREITUNG

Schweinefleisch in ca. 3 cm große Würfel schneiden, Zwiebel schälen und klein schneiden.
In einem großen Topf Öl erhitzen, Fleisch und Zwiebel darin kurz anbraten, bis das Fleisch leicht gebräunt ist.
500 ml Wasser zugeben, getrocknete Pilze sowie alle Gewürze hinzufügen und gut vermengen.
Hitze reduzieren und ca. 45 Minuten köcheln lassen, gelegentlich umrühren.
Sauerkraut abtropfen lassen, Mettwurst in Scheiben schneiden.
Sauerkraut, Mettwurst, Trockenpflaumen und restliches Wasser zum Fleisch in den Topf geben, weitere 40 Minuten bei niedriger Hitze köcheln lassen, gelegentlich umrühren.
Tomatenmark hinzufügen, gut unterrühren und den Eintopf mit Salz und Pfeffer abschmecken.

FLEISCHBÄLLCHEN
IN TOMATENSAUCE MIT DILL

Pulpety w sosie pomidorowym

Dieses Gericht bringt Abwechslung in den Küchenalltag. Die Fleischbällchen sind rasch zubereitet, äußerst schmackhaft und deshalb bei Groß und Klein beliebt.

Schwierigkeitsgrad: mittel | **Portionen:** 4–5 | **Stückzahl:** ca. 8–10 Stück
Arbeitszeit: 25 Min. (ohne Garzeit)

ZUTATEN

FLEISCHBÄLLCHEN

1 Zwiebel
1 Knoblauchzehe
1 EL Butter
500 g gemischtes Hackfleisch (Schwein und Rind)
2 EL Paniermehl
1 Ei
½ TL Salz
frisch gemahlener Pfeffer
2 EL Öl zum Anbraten

SAUCE

200 ml Wasser
350 ml passierte Tomaten
½ TL Salz
frisch gemahlener Pfeffer
1 TL Zucker
½ TL Oregano
½ TL Paprikapulver
100 ml Sahne

frischer Dill zum Garnieren

ZUBEREITUNG

Fleischbällchen: Zwiebel und Knoblauch schälen und klein schneiden. Butter in einem Topf erhitzen und darin Zwiebel und Knoblauch glasig dünsten. Hackfleisch, gedünstete Zwiebel und Knoblauch, Paniermehl, Ei, Salz und Pfeffer gut verkneten.
Mit angefeuchteten Händen kleine Bällchen formen, diese im erhitzten Öl rundum kurz anbraten.
Sauce: Wasser, passierte Tomaten und Gewürze zu den angebratenen Fleischbällchen geben.
Alles aufkochen und bei mittlerer Hitze 20 Minuten garen.
Zum Schluss die Sahne hinzufügen, gut verrühren und mit fein gehacktem Dill bestreut servieren.

TIPP

Die Fleischbällchen werden meist mit frisch gekochten Kartoffeln serviert. Aber auch gekochte Nudeln oder Reis eignen sich gut als Beilagen.

GEMISCHTE WALDPILZPFANNE MIT SAHNESAUCE

Mieszane grzyby leśne w sośie śmietankowym

Die Polen lieben ihren Wald und sammeln leidenschaftlich gerne Pilze. Man könnte das Freizeitvergnügen als Volkssport bezeichnen. Jeder Pilzsammler hat seine geheimen Plätze, wo er Steinpilze, Pfifferlinge & Co findet …

Schwierigkeitsgrad: einfach | **Portionen:** ca. 4 | **Arbeitszeit:** 30 Min. (ohne Garzeit)

ZUTATEN

700 g gemischte Waldpilze (z. B. Pfifferlinge, Steinpilze …)
1 Zwiebel
1 EL Butter
1 EL Öl
½ TL Salz
frisch gemahlener Pfeffer
250 g Sahne
2–3 Stängel frische Petersilie

TIPP

Zur Pilzpfanne passen gekochte Kartoffeln, aber auch ein Stück Brot kann man dazu reichen.

ZUBEREITUNG

Pilze sauber putzen und in Scheiben schneiden.
Zwiebel schälen, fein hacken, in Butter und Öl anbraten, die Pilze zufügen und ca. 25 Minuten dünsten.
Mit Salz und Pfeffer würzen, Sahne hinzufügen, zum Kochen bringen und noch einige Minuten köcheln lassen.
Nach Belieben nachwürzen und mit frisch gehackter Petersilie bestreut servieren.

GEBACKENE TEIGTASCHEN
MIT SPINAT-FETA-FÜLLUNG

Pieczone Pierogi nadziewane szpinakiem i feta serem

Pierogi sind ein unverzichtbarer Bestandteil der typischen polnischen Küche. Ursprünglich als einfaches und preisgünstiges Essen bekannt, haben sich die beliebten Teigtaschen durch die vielen möglichen Variationen mit verschiedensten Füllungen zu einem kulinarischen Phänomen entwickelt.

Schwierigkeitsgrad: mittel | **Portionen:** 6–8 | **Stückzahl:** ca. 13 Stück
Arbeitszeit: 30 Min. (ohne Warte- und Backzeit)

ZUTATEN

TEIG
500 g Weizenmehl
50 g frische Hefe
250 ml Milch
2 TL Zucker
3 EL Öl
½ TL Salz

1 Ei zum Bestreichen
1–2 EL Sesam zum Bestreuen

FÜLLUNG
200 g frischer, zarter Blattspinat
2 Knoblauchzehen
1 Zwiebel
1 EL Öl
200 g Schafskäse (z. B. Feta)
½ TL Pfeffer

TIPP

Man kann auch tiefgekühlten Blattspinat benutzen.

ZUBEREITUNG

Teig: Mehl in eine Schüssel geben und eine Mulde formen. Hefe mit lauwarmem Milch und Zucker verrühren und in die Mulde geben, 20 Minuten gehen lassen. Danach Öl und Salz hinzufügen und alles gut zu einem geschmeidigen Teig verkneten, an einem warmen Ort zugedeckt ca. 1 Stunde gehen lassen.
Füllung: Den Spinat putzen, waschen, trocken schleudern und grob schneiden. Knoblauch und Zwiebel schälen und fein würfeln, im erhitzten Öl glasig dünsten. Spinat zugeben und 2–3 Minuten dünsten. Den Schafskäse zerkrümeln, unter den Spinat mischen mit Pfeffer abschmecken.
Den Teig auf einer bemehlten Arbeitsfläche dünn ausrollen. Kreise (8–10 cm Ø) ausstechen, etwa 1 EL von der Füllung in die Mitte von jedem Kreis setzen, zu Halbkreisen zusammenklappen und die Ränder gut zusammendrücken (mit einer Gabel). Die Teigtaschen mit verquirltem Ei bestreichen und mit Sesam bestreuen. Im vorgeheizten Backofen bei 180 °C ca. 15–20 Minuten goldbraun backen.

KARTOFFELBULETTEN
MIT PILZSAUCE

Kotlety ziemniaczane z sosem pieczarkowym

Ein vegetarisches Mittagessen, das auch bei Fleischliebhabern sehr gut ankommen wird – einfach köstlich!

Schwierigkeitsgrad: mittel | **Portionen:** 4–6 | **Stückzahl:** ca. 8 Stück
Arbeitszeit: 20 Min. (ohne Garzeit)

ZUTATEN

BULETTEN
1 kg Kartoffeln
½ TL Salz
frisch gemahlener Pfeffer
1 Ei (Gr. M)
4 EL Stärkemehl

ca. 100 g Paniermehl zum Wälzen
Öl zum Braten

PILZSAUCE
500 g Champignons
1 Zwiebel
2 EL Öl
½ TL Salz
frisch gemahlener Pfeffer
200 g Sahne

1 Stängel Petersilie zum Garnieren

TIPP

Für die Kartoffelbuletten kann man auch übrig gebliebene Kartoffeln von einem anderen Gericht verwenden.

ZUBEREITUNG

Buletten: Kartoffeln schälen und in Salzwasser ca. 20 Minuten weich kochen, dann abgießen, ausdampfen lassen, durch eine Kartoffelpresse drücken oder zerstampfen.
Mit Salz und Pfeffer würzen, mit Ei und Stärkemehl zu einem geschmeidigen Teig verkneten.
Daraus Buletten formen, diese im Paniermehl wälzen.
Buletten in einer Pfanne im erhitzten Öl auf beiden Seiten jeweils ca. 5 Minuten goldbraun braten.
Sauce: Champignons putzen und in Scheiben schneiden, Zwiebel schälen und klein würfeln.
In einer Pfanne Öl erhitzen und Zwiebel darin anbraten, dann Champignons hinzufügen und unter Rühren goldbraun anbraten.
Mit Salz und Pfeffer würzen, die Sahne hinzufügen, zum Kochen bringen und nach einigen Minuten die Pfanne vom Herd nehmen.
Kartoffelbuletten mit der Pilzsauce auf Tellern anrichten und mit Petersilie garniert servieren.

KOHLROULADEN
MIT REIS UND FLEISCH IN TOMATENSAUCE

Gołąbki tradycyjne z ryżem i mięsem w sosie pomidorowym

Im Herbst und im Winter hat meine Oma oft Kohlrouladen gemacht. Diesen herrlichen Duft, wenn sie frisch aus dem Backofen kamen, habe ich heute noch in meiner Nase. Aber noch besser schmecken übrig gebliebene und aufgewärmte Kohlrouladen!

Schwierigkeitsgrad: mittel | **Portionen:** ca. 6 | **Stückzahl:** ca. 8–10 Stück
Arbeitszeit: 30 Min. (ohne Garzeit)

ZUTATEN

ROULADEN
100 g Reis
1 Kohlkopf (ca. 2 kg)
1 kleine Zwiebel
700 g Schweinehackfleisch
1 TL Salz
frisch gemahlener Pfeffer
2 TL Majoran

SAUCE
500 ml Wasser
500 g passierte Tomaten
1 TL Salz
frisch gemahlener Pfeffer
1 TL Majoran
1 EL Zucker

2 Stängel Dill zum Garnieren

ZUBEREITUNG

Rouladen: Reis nach Packungsanleitung kochen und abkühlen lassen.
Vom Kohlkopf die Blätter abtrennen und in kochendem Salzwasser kurz blanchieren, danach abgießen und abtropfen lassen.
Den harten Mittelstrunk keilförmig herausschneiden, damit sich die Blätter gut um die Füllung wickeln lassen.
Zwiebel sehr fein hacken, zum Hackfleisch geben, ausgekühlten Reis, Salz, Pfeffer und Majoran dazugeben (Bild 1, nächste Seite), alle Zutaten gut vermengen.
8–10 (falls die Blätter klein sind: 16–20) Kohlblätter überlappend auflegen, jeweils eine Portion der Hackfleischmischung in die Mitte setzen.
Seitenränder der Kohlblätter rechts, links, oben und unten über die Fülle klappen (Bild 2, nächste Seite) und wenn nötig, mit Küchengarn zusammenbinden.

Fortsetzung auf der nächsten Seite

Einen hitzebeständigen Topf, einen Bräter oder eine Auflaufform mit den restlichen blanchierten Kohlblättern auslegen, die Kohlrouladen gleichmäßig darauf verteilen.
Sauce: In einem Topf Wasser und passierte Tomaten erhitzen, mit Salz, Pfeffer, Majoran und Zucker würzen.
Kohlrouladen in der Auflaufform mit dieser Sauce übergießen und die Form mit einem Deckel zudecken.
Rouladen im vorgeheizten Backofen bei 200 °C Ober-/Unterhitze 70 Minuten schmoren.
15 Minuten vor Ende der Garzeit den Deckel abnehmen, damit die Kohlrouladen eine schöne braune Farbe bekommen und leicht überbacken werden.
Vor dem Servieren die Kohlrouladen mit fein gehacktem Dill bestreuen.

TIPPS

Für klassische Kohlrouladen wird Weißkohl verwendet, man kann jedoch auch Spitzkohl oder Wirsing nehmen.

Wenn das Einwickeln der Fülle in die Kohlblätter nicht gut klappt, ist das Blatt wahrscheinlich nicht lange genug blanchiert worden und muss noch einmal kurz in kochendes Wasser gegeben werden.

Zum Verfeinern der Sauce kann man die Kohlrouladen kurz aus der Auflaufform oder dem Bräter nehmen und etwas Sahne in die Sauce rühren.

Zu den Kohlrouladen werden meist gekochte Kartoffeln oder ein Stück Brot gereicht.

KARTOFFELKUCHEN
MIT SPECK

Babka ziemniaczana z boczkiem

Kartoffelkuchen gilt als traditionelles Gericht der Masuren. Seine knusprige Kruste und der Duft nach gebratenen Kartoffeln und Speck lassen einem das Wasser im Mund zusammenlaufen. Kartoffelkuchen kann als Hauptgericht mit Kräuterjoghurt oder als Beilage zu Salaten aufgetischt werden. Der pikante Kuchen schmeckt warm und auch kalt einfach hervorragend.

Schwierigkeitsgrad: einfach | **Portionen:** 4–5 | **Arbeitszeit:** 15 Min. (ohne Garzeit) | preiswert

ZUTATEN

1 Zwiebel
1 EL Öl
300 g geräucherter Speck
1 kg Kartoffeln
2 Eier (Gr. M)
100 g Weizenmehl
1 TL Salz
frisch gemahlener Pfeffer

1 Auflaufform (ca. 28 x 20 cm)
etwas Butter und 1–2 EL Paniermehl für die Form

ZUBEREITUNG

Zwiebel schälen und klein schneiden, in einer Pfanne im erhitzten Öl glasig dünsten, Speck in kleine Würfel schneiden, zur Zwiebel geben und kurz mitbraten.
Rohe Kartoffeln schälen, auf einer Reibe oder mit der Küchenmaschine grob raspeln.
Geriebene Kartoffeln in ein Küchentuch geben und sanft auswringen, dann mit den restlichen Zutaten gut vermengen.
Die Form befetten und mit Paniermehl ausstreuen, die Kartoffelmasse einfüllen und glatt streichen.
Im vorgeheizten Backofen bei 180 °C Ober-/Unterhitze ca. 60 Minuten backen.

GEFÜLLTES UND PANIERTES
HÄHNCHENFLEISCH

Kotlet devolay (de volaille)

In Polen liebt man Fleischgerichte jeder Art. Kotlet devolay ist einer der Klassiker schlechthin. Das Fleisch ist butterzart und darf bei keinem festlichen Anlass – ob Party, Kommunion oder Hochzeit – fehlen. In der Ukraine ist dieses Gericht als „Kiewer Kotelett" bekannt.

Schwierigkeitsgrad: mittel | **Portionen:** 4 | **Arbeitszeit:** 20 Min. (ohne Garzeit)

ZUTATEN

ca. 600 g Hähnchenbruststücke
4 TL Butter
4 TL fein gehackte Petersilie
1 TL Salz
frisch gemahlener Pfeffer

4 Zahnstocher

80 g Paniermehl
2 Eier (Gr. M)

Öl zum Braten

1

ZUBEREITUNG

Die Hähnchenbruststücke waschen und trocken tupfen, längs halbieren (aber nicht ganz durchschneiden).
Das Fleisch zwischen zwei Lagen Frischhaltefolie mit einem Plattiereisen flach klopfen.
Jeweils 1 TL Butter und 1 TL Petersilie auf die flach geklopften Fleischstücke geben (Bild 1), zusammenrollen, mit Salz und Pfeffer würzen und mit Zahnstochern fixieren.
Das Paniermehl auf einen Teller geben. Die Eier in einem tiefen Teller verquirlen.
Das Fleisch durch das Ei ziehen und im Paniermehl wälzen (das Paniermehl gut mit den Händen andrücken).
In einer großen Pfanne reichlich Öl erhitzen, das Fleisch darin bei mittlerer Hitze auf beiden Seiten goldbraun ausbacken, zwischendurch mit heißem Öl übergießen (dadurch „souffliert" die Panier, d. h. sie wird locker und knusprig und löst sich leicht vom Fleisch).

SCHWEINEHAXE MIT SAUERKRAUT

Golonka

Schweinehaxen werden je nach Region unterschiedlich zubereitet. Oft werden sie gepökelt, aber die Mehrheit mag sie am liebsten knusprig gebraten aus dem Backofen.

Schwierigkeitsgrad: mittel | **Portionen:** 2–3 | **Arbeitszeit:** 20 Min. (ohne Garzeit)

ZUTATEN

SCHWEINEHAXE(N)
1,5 kg Schweinehaxe (1–2 Stück)
100 g Möhren
100 g Petersilienwurzel
100 g Selleriewurzel
2 Zwiebeln
5 Knoblauchzehen
4 Lorbeerblätter
5 Wacholderbeeren
1 TL Salz
frisch gemahlener Pfeffer

SAUERKRAUT
1 Zwiebel
300 g Sauerkraut
1 EL Butter
1 EL Öl
½ TL Salz
frisch gemahlener Pfeffer
1 TL Kümmelsamen

TIPP

Schweinehaxen werden meistens zusätzlich mit Klößen (Rezept siehe S. 70) sowie mit Senf und Meerrettich als Dip serviert.

ZUBEREITUNG

Schweinehaxe(n) in einem Topf mit Wasser bedeckt zustellen.
Das Gemüse schälen und grob schneiden, Zwiebeln und Knoblauch schälen und mit dem vorbereiteten Gemüse und den Gewürzen ins Wasser geben, aufkochen und bei mittlerer Hitze 60 Minuten köcheln lassen, dann Schweinehaxe(n) aus dem Kochsud nehmen und abtropfen lassen.
Die Schwarte mit einem scharfen Messer rautenförmig einschneiden, mit Salz und Pfeffer und, falls gewünscht, mit 1 EL fein gehackten Kräutern bestreuen. Die Haxe(n) im vorgeheizten Backofen bei 180 °C Ober-/Unterhitze ca. 60 Minuten knusprig braun braten, zwischendurch immer wieder mit dem Kochsud übergießen.
Sauerkraut: Zwiebel schälen und in feine Würfel schneiden. Sauerkraut in einem Sieb kurz mit kaltem Wasser abbrausen, abtropfen lassen und fein hacken, Butter und Öl in einer Pfanne erhitzen, die Zwiebel darin anschwitzen. Sauerkraut hinzufügen, mit Salz, Pfeffer und Kümmel würzen und ca. 15 Minuten dünsten, dabei immer wieder umrühren.

SCHWEINESCHNITZEL
IN DILL-SAHNE-SAUCE

Kotlety w sosie śmietanowo-koperkowym

Auch wenn das „Kotlety Schabowy" zweifellos das beliebteste Fleischgericht ist, so gibt es zur panierten Version von Schweineschnitzeln eine Vielzahl von Variationen. Weil in Polen frischer Dill besonders beliebt ist, wird Schweinefleisch oft in einer Dill-Sahne-Sauce serviert.

Schwierigkeitsgrad: mittel | **Portionen:** 4 | **Arbeitszeit:** 30 Min. (ohne Warte- und Backzeit)

ZUTATEN

2 Schalotten
1 Knoblauchzehe
1 Möhre
4 Schweineschnitzel à 150 g
Salz und Pfeffer
etwas Öl zum Anbraten
100 ml Weißwein
200 ml Sahne
200 ml Fleischbrühe
1 EL grober Senf
1 Bund frischer Dill

TIPP

Mit Salzkartoffeln oder Reis servieren.

ZUBEREITUNG

Die Schalotten und den Knoblauch schälen und fein hacken, die Möhre schälen und in kleine Würfel schneiden. Die Schnitzel waschen, trocken tupfen, salzen, pfeffern und in heißem Öl von beiden Seiten kurz braun anbraten, danach herausnehmen.

Die vorbereitete Möhre sowie Schalotten und Knoblauch im Bratensatz anschwitzen. Mit Weißwein ablöschen und einreduzieren lassen. Die Sahne dazugeben und auf die Hälfte einköcheln lassen. Dann die Fleischbrühe zugeben, aufkochen lassen und die Sauce nach Belieben kurz mixen.

Das Fleisch wieder einlegen und zugedeckt ca. 15 Minuten bei geringer Hitze fertig schmoren lassen. Zum Schluss fein gehackten Dill zugeben, mit Salz und Pfeffer abschmecken und servieren.

SCHWEINESCHNITZEL

Kotlety Schabowe

Früher wurden Schnitzel ausschließlich sonntags aufgetischt. Diese in Polen überaus beliebte Variante ähnelt dem Wiener Schnitzel und schmeckt fast jedem.

Schwierigkeitsgrad: einfach | **Portionen:** 4 | **Stückzahl:** 4 Stück
Arbeitszeit: 15 Min. (ohne Garzeit)

ZUTATEN

4 Schweineschnitzel (je 150 g)
½ TL Salz
frisch gemahlener Pfeffer
2 Eier (Gr. M)
150 g Paniermehl
Öl zum Braten

TIPPS

Als Beilagen werden häufig Kartoffeln gereicht, sehr gut schmeckt zum Schweineschnitzel auch Blumenkohl (Rezept siehe S. 68).

Man kann die Schnitzel auch in Butterschmalz ausbacken, dann erhalten sie einen ganz besonderen Geschmack.

ZUBEREITUNG

Schnitzel mit dem Plattiereisen dünn klopfen, auf beiden Seiten salzen und pfeffern.
Eier in einer Schüssel mit einer Gabel kräftig verquirlen, Paniermehl in eine andere Schüssel geben.
Schnitzel nacheinander zuerst im Ei und dann im Paniermehl wenden, das Paniermehl gut festdrücken.
Öl in einer großen Pfanne erhitzen, Schnitzel darin auf jeder Seite ca. 4 Minuten goldbraun ausbacken. Dabei immer wieder mit heißem Öl begießen und die Pfanne leicht bewegen (dadurch „souffliert" die Panier, d. h. sie wird locker und knusprig und löst sich ein bisschen vom Fleisch).
Die Schnitzel auf Küchenpapier abtropfen lassen.

GEBRATENE
HERINGE

Pieczone Śledzie

In Polen gibt es sehr viele Seen und Flüsse, weshalb Fisch eine wichtige Rolle in der polnischen Küche spielt. Zu den beliebtesten Fischen zählt der Hering in unterschiedlichsten Zubereitungsarten.

Schwierigkeitsgrad: einfach | **Portionen:** 2–4 | **Arbeitszeit:** 10 Min. (ohne Garzeit)

ZUTATEN

4 küchenfertige Heringe
1 TL Salz
frisch gemahlener Pfeffer
4 EL Mehl
Öl zum Braten

TIPP

Am Ende der Bratzeit kann man im Bratenrückstand eine klein geschnittene Zwiebel glasig dünsten und zum Fisch servieren oder man bestreut den gebratenen Fisch mit fein gehacktem frischem Dill oder Petersilie.

ZUBEREITUNG

Heringe waschen, trocken tupfen und mit Salz und Pfeffer würzen, rundum in Mehl wenden.
Öl in einer Pfanne erhitzen und die Heringe darin auf jeder Seite ca. 5–6 Minuten goldbraun braten.

TIPP

Gebratene Heringe kann man mit jeder beliebigen Beilage servieren, aber auch mit einem Stück Brot schmecken sie sehr gut.

EIER
IN SENFSAUCE

Jajka w sosie musztardowym

Schon bei dem Gedanken an Eier in Senfsauce werden wohl nicht nur bei mir Kindheitserinnerungen wach. In Polen gab es dieses preiswerte vegetarische Gericht früher überall: zu Hause, im Kindergarten, in der Schulküche … Für mich waren besonders jene, die meine Oma gemacht hat, ein unvergleichliches Geschmackserlebnis!

Schwierigkeitsgrad: leicht | **Portionen:** 4 | **Arbeitszeit:** 15 Min. (ohne Garzeit)

ZUTATEN

3 EL Butter
3 EL Mehl
100 ml Sahne
500 ml Gemüsebrühe
8 TL Senf
½ TL Salz
frisch gemahlener Pfeffer
8 hart gekochte, geschälte Eier

ZUBEREITUNG

Butter in einem Topf schmelzen lassen, Mehl zufügen und umrühren, hell anschwitzen lassen.
Nach und nach unter ständigem Rühren mit einem Schneebesen die Sahne und die Brühe hinzufügen.
Kurz aufkochen, dann 15 Minuten bei mittlerer Hitze köcheln lassen, zwischendurch immer wieder umrühren.
Anschließend die Sauce mit Senf, Salz und Pfeffer würzen.
Die Eier hinzufügen und kurz in der Sauce ziehen lassen.

BLUMENKOHL
MIT PANIERMEHL UND BUTTER

Kalafior z bułką tartą i masłem

Blumenkohl gehört zu meinen Lieblings-Gemüsesorten. Er lässt sich auf vielfältige Weise zubereiten. Am liebsten esse ich ihn, wie hier beschrieben, mit Paniermehl und Butter – so kann er als Hauptgericht oder auch als Beilage zu Fleisch- oder Fischgerichten serviert werden.

Schwierigkeitsgrad: einfach | **Portionen:** 4 | **Arbeitszeit:** 5 Min. (ohne Garzeit)

ZUTATEN

1 Blumenkohl (ca. 1 kg)
1 TL Salz
150 g Butter
4–5 EL Paniermehl

TIPP

Saison hat Blumenkohl von Juni bis Oktober. In dieser Zeit kann man ihn regional kaufen. Die Röschen von frischem Blumenkohl sollten strahlend weiß sein, denn braune oder gelbliche Stellen weisen darauf hin, dass er etwas älter ist oder falsch gelagert wurde. Im Gegensatz zu anderen Kohlsorten ist Blumenkohl ein sehr bekömmliches Gemüse. Er enthält viele Mineralstoffe und Vitamine, wie z. B. Vitamin B oder C.

ZUBEREITUNG

Die äußeren grünen Blätter vom Blumenkohl entfernen, den Strunk abschneiden.
In einem großen Topf reichlich Wasser mit Salz zum Kochen bringen.
Den ganzen Blumenkohl mit den Röschen nach oben in das kochende Wasser geben und bei mittlerer Hitze ca. 30 Minuten kochen (bevor man ihn aus dem Wasser nimmt, eventuell mit einer Gabel prüfen, ob er weich genug ist).
Den fertig gekochten Blumenkohl herausheben.
In einem kleinen Topf Butter schmelzen lassen, Paniermehl hinzugeben und kurz vermengen, den Blumenkohl mit dem Butter-Paniermehl-Gemisch servieren.

SCHLESISCHE KLÖSSE

Kluski śląskie

Die beliebte Beilage stammt aus Oberschlesien, man isst sie meistens als Beilage zu Fleischgerichten mit Sauce (z. B. zu Braten oder Gulasch) oder zu Gemüseeintöpfen.
Die Klöße können aber auch als Hauptgericht mit gebratener Zwiebel oder Speck und Salat serviert werden.

Schwierigkeitsgrad: mittel | **Portionen:** 4–6 | **Stückzahl:** ca. 20 Stück
Arbeitszeit: 20 Min. (ohne Garzeit) | preiswert

ZUTATEN

ca. 500 g Kartoffeln
125 g Kartoffelstärke*
(Kartoffelmehl)
1 Ei
½ TL Salz

*** Eventuell braucht man zum Kneten und Formen zusätzlich ca. 50–100 g Kartoffelstärke.**

ZUBEREITUNG

Kartoffeln schälen und in Salzwasser 20 Minuten weich kochen, das Wasser abgießen, Kartoffeln in eine große Schüssel geben und mit einem Kartoffelstampfer (oder einer Kartoffelpresse) zu Püree zerdrücken.
Kartoffelpüree, Kartoffelstärke, Ei sowie Salz in einer Schüssel mit den Händen zu einem glatten Teig verkneten (bei Bedarf auch etwas mehr Kartoffelstärke hinzufügen, damit die Klöße nicht klebrig sind, aber nicht zu viel, sonst werden sie hart!).
Den Kartoffelteig mit den Händen zu kleinen Kugeln formen, diese leicht flach drücken und mit dem Daumen eine Mulde in die Mitte drücken.
In einem großen Topf reichlich Wasser mit etwas Salz zum Kochen bringen.
Die Klöße portionsweise einlegen, mit einem Kochlöffel kurz umrühren, damit sie sich nicht am Boden anlegen, und die Temperatur reduzieren.
Wenn die Klöße an die Wasseroberfläche kommen, noch ca. 2 Minuten weiterköcheln lassen.
Anschließend die Klöße mit einer Schaumkelle aus dem Topf heben.

CAPACITY
GRADUATION

TOMATENKETCHUP SELBST GEMACHT

Ketchup pomidorowy

Ketchup ist als „Dip" in der heutigen Zeit nicht mehr wegzudenken, auch in Polen werden Pommes frites, gegrillte Wurst, Kotelett und vieles mehr in die rote Sauce getunkt. Selbst gemachtes Ketchup ist nicht so süß und schmeckt wirklich nach Tomaten. Wichtig ist, frische, vollreife Tomaten dafür zu verwenden.

Schwierigkeitsgrad: einfach | **Menge:** ca. 6 Gläser à 150 ml
Arbeitszeit: 15 Min. ohne Garzeit

ZUTATEN

1 kg reife Tomaten
2 Zwiebeln
2 Knoblauchzehen
2 EL Öl
2 EL Tomatenmark
45 g brauner Zucker
2 EL Apfelessig
1 EL gelbes Currypulver
frisch gemahlener Pfeffer
½ TL Salz

ZUBEREITUNG

Tomaten waschen, halbieren, den grünen Strunk keilförmig herausschneiden und die Tomatenhälften klein schneiden. Zwiebeln und Knoblauch schälen und klein schneiden, im erhitzten Öl glasig dünsten.
Tomatenstücke zugeben und 25 Minuten köcheln lassen, immer wieder umrühren.
Dann die restlichen Zutaten zugeben und weitere 15 Minuten köcheln lassen. Den Topf vom Herd nehmen, das Ketchup mit einem Stabmixer pürieren, abschmecken und bei Bedarf nachwürzen (wer scharfes Ketchup möchte, fügt Chili- oder Cayennepfeffer hinzu). Das noch heiße Ketchup in die heiß ausgespülten Gläser füllen, fest verschließen und auskühlen lassen.

TIPP

Kühl und dunkel gelagert, ist das Ketchup mehrere Wochen haltbar. Nach dem Öffnen im Kühlschrank aufbewahren.

GEFÜLLTE EIER

Jajka faszerowane

Nicht nur zu Ostern, auch zu Weihnachten und zu vielen anderen Anlässen werden gefüllte Eier in zahlreichen Variationen als Vorspeise oder als Fingerfood serviert.

Schwierigkeitsgrad: einfach | **Portionen:** 4 | **Arbeitszeit:** 15 Min. (ohne Garzeit)

ZUTATEN

4 hart gekochte Eier
1 EL Mayonnaise
1 TL Senf
1 EL klein gehackter Dill
½ TL Salz
frisch gemahlener Pfeffer

Dill zum Garnieren

ZUBEREITUNG

Die hart gekochten Eier schälen und halbieren, die Eigelbe entnehmen. Die Eigelbe mit den restlichen Zutaten zu einer glatten Masse verrühren. Die fertige Eiercreme anschließend mithilfe eines Spritzbeutels oder mit einem Teelöffel in die Eiweißhälften füllen und mit Dill garnieren.

TIPP

Zur Creme, mit der die Eier gefüllt werden, kann man klein gehackte Radieschen oder saure Gurken hinzufügen.

KARTOFFELKLÖSSCHEN

Kopytka

Den polnischen Namen haben die Klößchen wegen ihrer Form, denn „*Kopytka*" bedeutet übersetzt „kleine Hufe". Für die Zubereitung der kleinen Klößchen benötigt man nicht viele Zutaten, dennoch schmecken sie außerordentlich gut als Beilage zu Schweinebraten, Gulasch oder einfach pur mit gebratenen Speckwürfeln. Meist serviert man die Kartoffelklößchen jedoch als süßes Gericht mit Butter, Zucker und Paniermehl.

Schwierigkeitsgrad: einfach | **Portionen:** 4 | **Arbeitszeit:** 15 Min. (ohne Garzeit) | preiswert

ZUTATEN

KLÖSSCHEN
500 g Kartoffeln
100 g Weizenmehl
1 Ei
½ TL Salz

TOPPING
100 g Butter
50 g Paniermehl
1 EL Zucker
etwas Mehl zum Bestäuben

ZUBEREITUNG

Klößchen: Kartoffeln schälen und in kochendem Wasser ca. 20 Minuten kochen, dann abtropfen lassen und durch eine Kartoffelpresse drücken oder zerstampfen.
Mehl, Ei und Salz dazugeben und rasch zu einem geschmeidigen Teig verkneten.
Teig auf einer bemehlten Arbeitsfläche zu einer Rolle mit ca. 5 cm Ø formen, dabei die Hände immer wieder mit etwas Mehl bestäuben, damit der Teig nicht so stark klebt.
Mit einem scharfen Messer etwa 2 cm dicke Stücke von der Rolle abschneiden (Bild 1).
In einem großen Topf reichlich Wasser zum Kochen bringen, Kartoffelklößchen in das leicht sprudelnde Wasser geben und ziehen lassen, bis sie obenauf schwimmen.
Anschließend aus dem Wasser nehmen und abtropfen lassen.
Topping: Butter in einer Pfanne zerlassen, Paniermehl sowie Zucker zugeben und umrühren.
Kartoffelklößchen damit beträufeln.

SALZGURKEN

Ogórki kiszone

Das Einlegen von Salzgurken ist eine uralte Methode der Haltbarmachung. Das folgende Rezept stammt von meiner Großmutter. Auch sie hat immer Gurken eingelegt, so haben wir den ganzen Herbst und Winter knackige Gurken zum Naschen gehabt. Aus diesen Gurken kann man eine köstliche Gurkensuppe (siehe Rezept S. 28) zaubern oder sie als zusätzliche Zutat zum Kartoffelsalat verwenden. Auch als Beilage zu Hauptgerichten oder als Fingerfood eignen sie sich perfekt.

Schwierigkeitsgrad: einfach | **Menge:** 2 Gläser (à 1 Liter)
Arbeitszeit: 15 Min. (ohne Wartezeit)

ZUTATEN

1 kg Einlegegurken
4 große Knoblauchzehen
1 Stück (ca. 10 cm) frischer Meerrettich
½ Bund frischer Dill mit Blütendolden
1,5 Liter Wasser
52 g Salz

2 große Einmachgläser

TIPPS

Die Einmachgläser vor der Verwendung immer mit kochendem Wasser ausspülen!

Die Faustformel für die Salzlake lautet: 1 EL Salz auf 1 Liter Wasser. Ich verwende bevorzugt natürliches, grobes Salz ohne Zusätze (kein Jod, keine Folsäure).

Wichtig ist, dass die Gurken immer eng in die Gläser geschichtet werden und komplett mit der Salzlake bedeckt sind.

ZUBEREITUNG

Gurken waschen, eventuell kräftig abbürsten und trocken tupfen, Knoblauch schälen und auf die beiden Gläser verteilen.
Meerrettich in Scheiben schneiden und die Gurken eng und aufrecht stehend in die Gläser schichten, Meerrettichscheiben und Dillstängel dazwischen hineinstecken.
Das Wasser mit dem Salz aufkochen, die Gurken mit dem kochenden Salzwasser komplett übergießen, bis die Gläser voll und die Gurken mit Wasser bedeckt sind.
Die Gläser mit Schraubverschlussdeckeln gut verschließen und an einem warmen Ort 4 Tage stehen lassen.
Nach dieser Zeit kann man die Salzgurken schon genießen, aber richtig würzig und aromatisch werden sie erst nach 2–3 Wochen (kühl und dunkel lagern).

REIBEKUCHEN

Placki ziemniaczane

Reibekuchen sind in Polen sehr beliebt. Häufig werden sie als herzhaftes Gericht mit Gulasch- oder Pilzsauce, mit geröstetem Speck oder als Beilage zu pikanten Speisen gereicht. Die Küchlein werden jedoch auch als süße Hauptspeise oder Nachspeise mit etwas Zucker, Apfelmus, Konfitüre oder Crème fraîche serviert (natürlich wird der Teig in diesem Fall ohne Zwiebel und Pfeffer zubereitet!).

Schwierigkeitsgrad: einfach | **Portionen:** ca. 4 | **Stückzahl:** ca. 14 Stück
Arbeitszeit: 15 Min. (ohne Garzeit)

ZUTATEN

500 g Kartoffeln
1 kleine Zwiebel
1 Ei (Gr. M)
½ EL Weizenmehl
½ TL Salz
frisch gemahlener Pfeffer
Öl zum Braten

ZUBEREITUNG

Rohe Kartoffeln schälen und waschen, auf einer Reibe oder mit der Küchenmaschine grob raspeln.
Zwiebel schälen und ebenso reiben oder sehr fein würfeln.
Geriebene Kartoffeln in ein Küchentuch geben und sanft auswringen, dann mit Zwiebel, Ei, Mehl, Salz und Pfeffer vermengen.
Öl in einer großen Pfanne erhitzen, jeweils 1–2 EL von der Kartoffelmasse als Häufchen in die Pfanne geben und flach drücken.
Die Reibekuchen auf der ersten Seite 3–5 Minuten braten, sobald die Ränder anfangen braun zu werden, Reibekuchen wenden und auf der zweiten Seite ebenfalls goldbraun braten.
Auf Küchenpapier abtropfen lassen und als Beilage oder mit einer beliebigen Sauce servieren.

TYPISCHE FESTTAGSGERICHTE

HERING
AUF KASCHUBISCHE ART

Śledź po kaszubsku

Für mich ist der Heilige Abend einer der schönsten Tage im Jahr. Familie und Freunde kommen zusammen, und es wird ausgiebig geschlemmt. Deshalb brodelt es in meiner Küche schon Tage vorher, weil ein traditionelles Heiligabend-Menü aus zwölf Gerichten besteht! Um diese zuzubereiten, stehe ich oft mehrere Tage in der Küche. Die Zubereitungsarten besonders für Hering sind sehr vielseitig und regional zum Teil sehr unterschiedlich. Jede Hausfrau hat da ihre Geheimnisse, die sie hütet! Hier das Rezept meiner Oma:

Schwierigkeitsgrad: einfach | **Portionen:** 4 | **Arbeitszeit:** 15 Min. (ohne Wartezeit)

ZUTATEN

500 g in Öl eingelegte Matjesfilets
3 EL Apfelessig
5 Trockenpflaumen
160 g Zwiebeln
10 EL Öl
200 g Tomatenmark
3 EL scharfes Tomatenketchup

GEWÜRZE

frisch gemahlener Pfeffer
1 TL Majoran
1 EL Zucker
1 Lorbeerblatt
2 Wacholderbeeren

TIPP

Noch geschmacksintensiver wird der Hering, wenn man ihn 1–2 Tage im Kühlschrank durchziehen lässt. Die Trockenpflaumen kann man auch durch Rosinen ersetzen.

ZUBEREITUNG

Matjesfilets in ca. 2 cm große Stücke schneiden, in einer Schüssel mit dem Apfelessig vermischen und anschließend 30 Minuten durchziehen lassen. Pflaumen klein schneiden, Zwiebeln schälen und in feine Ringe schneiden, in einer Pfanne 2 EL vom Öl erhitzen und die Zwiebeln darin glasig dünsten. Anschließend Tomatenmark, Ketchup, alle Gewürze sowie das restliche Öl dazugeben.
Den Essigsud von den eingelegten Matjesstücken abgießen, die Sauce und die klein geschnittenen Pflaumen zu den Matjesstücken in die Schüssel geben und locker vermischen.
Im Kühlschrank zugedeckt ca. 2 Stunden durchziehen lassen.

PIROGGEN
MIT SAUERKRAUT UND PILZEN

Pierogi z kiszoną kapustą i grzybami

Piroggen zählen zu den Lieblingsgerichten der Polen. Die feinen Teigtaschen aus selbst gemachtem Teig können variantenreich gefüllt werden. Die bekanntesten Füllungen sind Fleisch, *„Ruskie"* (eine Kartoffel-Quark-Mischung) oder Obst. Zu Weihnachten werden die Teigtaschen am häufigsten mit Sauerkraut und Pilzen gefüllt.

Schwierigkeitsgrad: mittel | **Portionen:** ca. 5 | **Stückzahl:** ca. 15 Stück
Arbeitszeit: 30 Min. (ohne Garzeit)

ZUTATEN

TEIG
300 g Weizenmehl Type 405
200 ml warmes Wasser
30 g geschmolzene Butter
1 Prise Salz
1 Eigelb

FÜLLUNG
30 g getrocknete Steinpilze
1 Zwiebel
500 g Sauerkraut
2 EL Öl
Salz und Pfeffer

Salz und 1 EL Öl für das Kochwasser

GARNIERUNG
2 Zwiebeln
1 EL Öl
1 EL Butter

ZUBEREITUNG

Teig: Alle Zutaten in einer Schüssel vermischen, mit den Händen zu einem glatten, geschmeidigen Teig verkneten und ca. 30 Minuten kühl rasten lassen.
Füllung: Pilze in heißem Wasser ca. 20 Minuten einweichen, danach abseihen (das Wasser auffangen) und klein schneiden.
Zwiebel schälen und in sehr feine Würfel schneiden, Sauerkraut in einem Sieb abtropfen lassen und fein hacken. Öl in einer Pfanne erhitzen, Zwiebel und Sauerkraut darin anschwitzen, Pilze mit dem aufgefangenen Einweichwasser zugeben.
Bei mittlerer Hitze ca. 25 Minuten köcheln lassen, bis das ganze Wasser verdampft ist, gelegentlich umrühren. Die Füllung mit Salz und Pfeffer abschmecken und auskühlen lassen.
Teigtaschen: Den Teig auf der bemehlten Arbeitsfläche dünn ausrollen, mit

Fortsetzung auf der nächsten Seite

einem großen runden Ausstecher (ca. 9–10 cm Ø) oder mit einem bemehlten Trinkglas Kreise aus dem Teig ausstechen.
Jeweils etwas Füllung in die Mitte der Kreise geben (Bild 1), die Kreise halbmondförmig zusammenklappen und die Ränder fest zusammendrücken (Bild 2).
In einem großen Topf Wasser mit Salz und 1 EL Öl zum Kochen bringen, Teigtaschen portionsweise hineingeben und ca. 3–5 Minuten köcheln lassen (gelegentlich umrühren, damit sie nicht am Topfboden festkleben).
Garnierung: Zwiebeln schälen und fein schneiden, in einer Pfanne Öl und Butter erhitzen, Zwiebeln darin goldbraun rösten.

Die fertig gegarten Teigtaschen mit einem Schaumlöffel aus dem Wasser heben und mit den Röstzwiebeln garniert auf Tellern oder auf einer Platte anrichten.

TIPP

Wenn es schnell gehen muss, kann man die Piroggen auch einfach frisch gekocht ohne Garnierung servieren. Statt der gebratenen Zwiebeln kann man auch Speck knusprig braten oder die Teigtaschen selbst vor dem Servieren in einer Pfanne in erhitzter Butter goldbraun anbraten.

1

2

SAUERKRAUT MIT PILZEN, KÜMMEL UND CRANBERRYS

Kapusta z grzybami, kminkiem i żurawiną

Weil in Polen am Heiligen Abend kein Fleisch gegessen wird, ist die Auswahl an vegetarischen Weihnachtsgerichten groß. Sauerkraut mit Pilzen ist eines dieser typischen Gerichte, hier ein Rezept mit meiner ganz persönlichen Note:

Schwierigkeitsgrad: einfach | **Portionen:** ca. 5 | **Arbeitszeit:** 15 Min. (ohne Garzeit)

ZUTATEN

250 g tiefgekühlte* gemischte Waldpilze (z. B. Pfifferlinge, Steinpilze)
1 Zwiebel
1 Apfel
500 g Sauerkraut
2 EL Öl
250 ml Wasser
100 g trockene Cranberries
½ TL Salz
1 EL Zucker
frisch gemahlener Pfeffer
1 TL Kümmel

ZUBEREITUNG

Pilze auftauen lassen und klein schneiden, Zwiebel und Apfel schälen und in kleine Würfel schneiden.
Sauerkraut in einem Sieb abtropfen lassen und danach fein hacken.
In einer Pfanne im erhitzten Öl die Pilze anschwitzen, Zwiebel dazugeben und kurz mitbraten.
Sauerkraut, Wasser und die restlichen Zutaten hinzufügen.
Bei mittlerer Hitze ca. 25 Minuten köcheln lassen, bis das Wasser verdampft ist, zwischendurch gelegentlich umrühren.

TIPP

*** Wer frische Pilze verwenden will, kann auch Champignons oder Austernpilze nehmen. Und natürlich kann man das Gericht in der Pilzsaison mit frischen Waldpilzen zubereiten!**

„KROKETTEN"
MIT PILZ-KÄSE-FÜLLUNG

Krokiety z grzybami i serem

„Kroketten" sind ein fixer Bestandteil des Weihnachtsmenüs in Polen, sind aber das ganze Jahr über ein beliebtes Gericht. Sie werden manchmal als zweiter Gang zum kräftigen Borschtsch serviert, können aber auch als „selbständiger" Gang aufgetischt werden. Als „Kroketten" werden in Polen gefüllte, danach panierte und in heißem Öl knusprig ausgebackene Pfannkuchen bezeichnet. Die Füllungen sind ganz vom eigenen Geschmack abhängig.

Schwierigkeitsgrad: mittel | **Portionen:** 4–6 | **Stückzahl:** ca. 8 Stück
Arbeitszeit: ca. 50 Min. (ohne Garzeit)

ZUTATEN

PFANNKUCHEN
300 g Weizenmehl
4 Eier
500 ml Milch
½ TL Salz
1 TL Backpulver
ca.200 ml Wasser mit Kohlensäure

FÜLLUNG
100 g Käse (z. B. Gouda)
500 g Pilze (z. B. Champignons)
1 Zwiebel
½ TL Salz
Pfeffer

2 Eier und ca. 150 g Paniermehl zum Panieren
Öl zum Ausbacken

ZUBEREITUNG

Pfannkuchen: Alle Teigzutaten glatt verrühren. Wenig Öl in einer gut beschichteten Pfanne erhitzen. Einen Schöpflöffel von der Masse in der Pfanne dünn verteilen, bei mittlerer Hitze etwa 1 Minute hellbraun anbacken, dann wenden und auf der zweiten Seite ebenfalls hellbraun ausbacken. So fortfahren, bis die Pfannkuchen alle ausgebacken sind.
Füllung: Käse grob reiben. Pilze und Zwiebel in kleine Würfel schneiden, in wenig erhitztem Öl glasig dünsten. Mit Salz und Pfeffer abschmecken.
Auf jeden Pfannkuchen gleichmäßig Füllung verteilen, dabei 2 cm Rand frei lassen. Pfannkuchen von zwei gegenüberliegenden Seiten zur Mitte hin klappen und von der offenen Seite her vorsichtig zusammenrollen.
Danach im verquirlten Ei und im Paniermehl wälzen.
Pfannkuchen im erhitzten Öl rundherum goldbraun ausbacken.

FISCH
AUF GRIECHISCHE ART

Ryba po grecku

Dieses traditionelle Gericht wird in ganz Polen zu Weihnachten zubereitet. Auch bei meinen Großeltern durfte Fisch auf griechische Art am Heiligen Abend nicht auf dem reich gedeckten Tisch fehlen.

Schwierigkeitsgrad: mittel | **Portionen:** 6–8 | **Arbeitszeit:** 20 Min. (ohne Wartezeit)

ZUTATEN

SAUCE
1 Zwiebel
400 g Möhren
150 g Petersilienwurzel
150 g Selleriewurzel
150 g Lauch
2 EL Öl
300 ml Wasser
100 g Tomatenmark

GEWÜRZE
1 TL Salz
frisch gemahlener Pfeffer
1 Lorbeerblatt
3 Wacholderbeeren

FISCH
700 g Dorsch- oder Seelachsfilets
Salz und Pfeffer
etwas Mehl
etwas Öl zum Braten

2 Stängel frische Petersilie zum Garnieren

ZUBEREITUNG

Sauce: Zwiebel schälen und in Würfel schneiden, Möhren, Petersilienwurzel und Selleriewurzel schälen und grob reiben, Lauch waschen und klein schneiden.
In einer großen Pfanne im erhitzten Öl das Gemüse kurz anbraten, Wasser, Tomatenmark sowie alle Gewürze zugeben und alle Zutaten gut vermengen, bei mittlerer Hitze ca. 15 Minuten dünsten.
Fisch: In der Zwischenzeit Fischfilets in ca. 5 cm große Stücke schneiden, diese mit Salz und Pfeffer würzen.
Fischstücke in Mehl wälzen und anschließend auf beiden Seiten in einer Pfanne im erhitzten Öl goldbraun anbraten.
Fisch und Gemüse abwechselnd in eine Servierschüssel schichten und über Nacht in den Kühlschrank stellen.
Am nächsten Tag mit Petersilie garniert kalt servieren.

TIPP

Wenn der Fisch eine Nacht im Kühlschrank durchziehen kann, nimmt er den vollen Geschmack des Wurzelgemüses und der Gewürze auf.

GEMÜSESALAT
MIT EIERN UND MAYONNAISE

Sałatka jarzynowa

Dieser Salat wird in Polen sowohl zu Weihnachten als auch zu Ostern serviert. Meine Großmutter hat ihn darüber hinaus bei jeder Familienfeier serviert. Das Gemüse wuchs in unserem Garten, unsere eigenen Hühner legten die Eier. In mir weckt der Gemüsesalat Erinnerungen an meine Kindheit …

Schwierigkeitsgrad: einfach | **Portionen:** 6–8 | **Arbeitszeit:** 25 Min. (ohne Wartezeit)

ZUTATEN

400 g Kartoffeln
200 g Möhren
4 Eier (Gr. M)
350 g grüne Erbsen (frisch oder TK-Ware)
200 g Salzgurken
300 g Äpfel
250 g Mayonnaise
1 EL mittelscharfer Senf
1 TL Salz
frisch gemahlener Pfeffer

TIPP

Der Salat schmeckt besonders gut, wenn man ihn schon einen Tag vorher zubereitet, damit er über Nacht im Kühlschrank durchziehen kann. Dazu serviert man Schwarzbrot oder Brötchen.

ZUBEREITUNG

Kartoffeln und Möhren waschen, ungeschält zusammen in einem Topf in Salzwasser ca. 25 Minuten weich kochen.
Eier ca. 10 Minuten hart kochen, abkühlen und schälen, Erbsen in Salzwasser bissfest kochen und abseihen.
Kartoffeln und Möhren abseihen, abkühlen lassen und schälen, dann kleinwürfelig schneiden.
Salzgurken und Eier ebenfalls klein würfeln.
Äpfel schälen und in kleine Würfel schneiden.
Alle Zutaten in eine Schüssel geben, mit Mayonnaise und Senf vermengen und mit Salz und Pfeffer würzen.

GEBRATENE ENTE
MIT ÄPFELN

Kaczka z jabłkami

Zu besonderen Anlässen essen die Polen oft gebratene Ente. Dieses alt-polnische Traditionsgericht wird mit Apfelspalten oder ganzen Äpfeln gefüllt und mit Preiselbeeren serviert. Als Beilage werden meistens Knödel und Rote Bete gereicht.

Schwierigkeitsgrad: einfach | **Portionen:** 4–5 | **Arbeitszeit:** 15 Min. (ohne Garzeit)

ZUTATEN

1 küchenfertige Ente (etwa 2 kg)
1 TL Salz
frisch gemahlener Pfeffer
2 TL Majoran
3 Äpfel
200 ml heißes Wasser

100 g Preiselbeeren zum Garnieren

ZUBEREITUNG

Ente unter fließendem kaltem Wasser abspülen, trocken tupfen, außen und innen mit den Gewürzen einreiben.
Einen der Äpfel schälen, vierteln und die Bauchhöhle damit füllen.
Ente mit der Brust nach unten in einen großen Bräter geben, das heiße Wasser dazugießen, den Bräter in den auf 170 °C Ober-/Unterhitze vorgeheizten Backofen schieben und die Ente ca. 2 Stunden braten.
Zwischendurch die Ente ab und zu umdrehen und mit dem Bratensaft begießen.
Nach 1 ½ Stunden Bratzeit die restlichen zwei Äpfel waschen, halbieren und in den Bräter legen, den Bräter wieder in den Ofen stellen und die Ente weitere 30 Minuten braten.
Danach die gebratene Ente tranchieren, mit den Äpfeln auf Tellern anrichten und mit Preiselbeeren garnieren.

LEBKUCHEN

Piernik

Was wäre die Weihnachtszeit ohne Lebkuchen? Traditioneller Lebkuchen wird in Polen aus Mehl (meist eine Mischung aus Weizen- und Roggenmehl), Wasser, Milch, Honig und Gewürzen hergestellt. Das Kneten erfolgt oft händisch, vor dem Backen muss der Teig mehrere Tage reifen. Früher hat man ihn sogar oft wochenlang reifen lassen! Je länger man dem Teig Zeit gibt, desto besser schmeckt der Lebkuchen, er bekommt dann eine ganz besondere Konsistenz, und das Aroma ist einzigartig. Heute muss alles schneller gehen, die meisten bringen die Geduld für diese lange Wartezeit nicht auf. Für meinen selbst kreierten Lebkuchen verwende ich nur Weizenmehl, weil auch ich zu ungeduldig bin, um tagelang zu warten, bis herkömmlicher Lebkuchenteig weiterverarbeitet werden kann.

Schwierigkeitsgrad: einfach | **Menge:** für 1 Backform (20 x 30 cm)
Stückzahl: ca. 20 Stück | **Arbeitszeit:** 15 Min. (ohne Warte- und Backzeit)

ZUTATEN

LEBKUCHEN
100 g Butter
2 EL Honig
2 EL Kakao
2 EL Lebkuchengewürz
250 ml Milch
3 Eier (Gr. M)
200 g Weizenmehl Type 405
200 g Zucker
1 ⅓ TL Natron
¾ TL Backpulver
etwas Butter für die Form

VIERZIERUNG
250 g beliebige Konfitüre
100 g Zartbitter-Schokolade
50 g Butter
ca. 10 Pekannüsse oder Walnüsse

ZUBEREITUNG

Lebkuchen: Butter, Honig, Kakao sowie Lebkuchengewürz in einem Topf bei geringer Temperatur unter ständigem Rühren erhitzen, bis sich alles vollständig aufgelöst hat, vom Herd nehmen.
Langsam Milch und Eier dazugeben, dabei ständig weiterrühren.
In einer großen Schüssel Mehl, Zucker, Natron und Backpulver vermengen.
Anschließend die erwärmte Butter-Honig-Mischung dazugeben und den Teig gut verrühren.
Die Form mit etwas Butter einfetten und mit Backpapier auslegen.
Den Teig in die Form füllen und glatt streichen, im auf 180 °C Ober-/Unterhitze vorgeheizten Backofen auf

Fortsetzung auf der nächsten Seite

mittlerer Schiene ca. 25–30 Minuten* backen.
Fertigen Lebkuchen aus dem Backofen nehmen und auskühlen lassen, aus der Backform nehmen und horizontal einmal durschneiden.
Verzierung: Den unteren Teil mit Konfitüre bestreichen, den oberen Boden drauflegen und leicht andrücken.
Anschließend Schokolade und Butter über einem Wasserbad bei mittlerer Hitze unter ständigem Rühren schmelzen.
Den Lebkuchen mit der Schokoladenglasur bestreichen und mit Nüssen dekorieren.

TIPP

*** Stäbchenprobe (mit einem Holzspieß) machen, bevor man den Lebkuchen aus dem Ofen nimmt! Falls der Teig noch nicht durchgebacken ist und am Holzstäbchen klebt, den Lebkuchen noch einige Minuten weiterbacken.**

POLNISCHE KRAPFEN

Pączki

In Deutschland sind sie als Berliner bekannt, in Österreich nennt man sie Krapfen: Die polnische Variante des in Fett ausgebackenen runden Hefegebäcks heißt *„Pączki"* und wird traditionell mit Hagebuttenkonfitüre oder anderen süßen Füllungen versehen. Am häufigsten werden sie am *„Tłusty czwartek"*, am sogenannten fetten Donnerstag Ende Februar verspeist. Dieser Tag ist wohl der ungesündeste Tag des Jahres in Polen. Denn ein alter polnischer Brauch besagt: Je mehr Süßigkeiten wir an diesem Tag essen, desto mehr Wohlstand und Reichtum erwartet uns.

Schwierigkeitsgrad: mittel | **Stückzahl:** 8–10 Stück
Arbeitszeit: 20 Min. (ohne Warte- und Backzeit)

ZUTATEN

TEIG (ALLE ZUTATEN ZIMMERTEMPERATUR)
300 g Weizenmehl Type 405
30 g Hefe
1 EL Zucker
125 ml lauwarme Milch
35 g Butter
2 Eigelb (Gr. M)
1 Eiweiß
1 P. Vanillezucker
1 Prise Salz

ca. 1 Liter Öl zum Frittieren

FÜLLUNG UND GLASUR
ca. 150 g beliebige Konfitüre
4 EL Wasser
150 g Puderzucker

ZUBEREITUNG

Teig: Mehl in eine Schüssel sieben, in der Mitte eine Vertiefung machen. Die Hefe zerbröckeln, mit einem EL Zucker und 50 ml von der lauwarmen Milch verquirlen, in die Vertiefung gießen und zugedeckt an einem warmen Ort ca. 10–15 Minuten gehen lassen.
Butter schmelzen und danach abkühlen lassen, mit den restlichen Teigzutaten in die Schüssel geben, mit den Knethaken des Handmixers (alternativ mit der Küchenmaschine oder auch mit den Händen) gut verkneten, bis ein geschmeidiger Teig entstanden ist.
Den Teig zugedeckt an einem warmen Ort gehen lassen, bis er sein Volumen verdoppelt hat, dann mit den Händen durchkneten und auf einer bemehlten Arbeitsfläche etwa 1 cm dick ausrollen.

Fortsetzung auf der nächsten Seite

Mit einem runden Ausstecher (etwa 7 cm Ø) Kreise ausstechen, diese zugedeckt an einem warmen Ort ca. 20 Minuten gehen lassen.
Das Fett in einer großen Pfanne auf 160–170 °C erhitzen*, Krapfen in das heiße Fett geben und darin auf jeder Seite ca. 3 Minuten frittieren.
Mit einem Schaumlöffel herausheben und auf Küchenpapier abtropfen lassen.
Füllung und Glasur: Krapfen mithilfe einer Krapfentülle (lange schmale Lochtülle) mit der Marmelade füllen, Wasser und Puderzucker zu einer cremigen Glasur verrühren, die Krapfen damit überziehen.

TIPP

*** Das Fett ist heiß genug, wenn an einem hineingehaltenen Kochlöffelstiel aus Holz kleine Bläschen aufsteigen.**

NAPFKUCHEN FÜR OSTERN

Babka drożdżowa wielkanocna

Eine der vielen polnischen Oster-Spezialitäten ist der lockere, flaumige, optisch und geschmacklich einfach wunderbare Hefekuchen in Napfkuchenform. Uns Kindern wurde einen Tag vor dem Ostersonntag der Zutritt zur Küche strengstens untersagt, denn an diesem Tag wurde der Hefekuchen gebacken. Und schon der kleinste Luftzug konnte das mühsam geknetete Backwerk zusammensacken lassen.

Schwierigkeitsgrad: mittel | **Menge:** für 1 Napfkuchenform (22–24 cm Ø)
Arbeitszeit: 20 Min. (ohne Warte- und Backzeit)

ZUTATEN

TEIG (ALLE ZUTATEN ZIMMERTEMPERATUR)
370 g Mehl Type 405
30 g frische Hefe
40 g Zucker
100 ml Milch
150 g Butter
3 Eier (Gr. M)
1 P. Bourbon-Vanillezucker
1 Prise Salz

1 große Napfkuchenform (22–24 cm Ø)
etwas Butter und Mehl für die Form

GLASUR
100 g Milchschokolade

ZUBEREITUNG

Das Mehl in eine Schüssel sieben, in der Mitte eine Vertiefung machen.
Die Hefe zerbröckeln, mit einem Teelöffel vom Zucker und der Hälfte der lauwarmen Milch verquirlen.
Die Hefemischung in die Vertiefung gießen und zugedeckt an einem warmen Ort ca. 10–15 Minuten gehen lassen.
Die Butter mit der restlichen Milch erwärmen, bis die Butter geschmolzen ist, danach abkühlen lassen.
Anschließend alle restlichen Teigzutaten in die Schüssel dazugeben und mit den Knethaken des Handmixers (oder mit der Küchenmaschine oder mit den Händen) gut verkneten, bis der Teig geschmeidig ist.
Den Teig zugedeckt an einem warmen Ort gehen lassen, bis er sein Volumen verdoppelt hat, dann auf einer leicht

Fortsetzung auf der nächsten Seite

bemehlten Arbeitsfläche noch einmal kurz durchkneten.
Die Napfkuchenform gut befetten und bemehlen, den Teig in die Form füllen und weitere 20 Minuten zugedeckt gehen lassen (Bild 1).
Im auf 180 °C Ober-/Unterhitze vorgeheizten Backofen ca. 40 Minuten backen, dann herausnehmen.
Den Gugelhupf 10 Minuten in der Form lassen, dann auf eine Servierplatte oder ein Kuchengitter stürzen (Bild 2).
Den ausgekühlten Hefekuchen mit der über einem Wasserbad geschmolzenen Schokolade überziehen oder die Schokolade über den Kuchen gießen und auf den Seiten herunterrinnen lassen.

TIPP

Der Kuchen kann auch ohne Glasur nur mit Staubzucker bestreut serviert werden.

1

2

OSTERLAMM

Baranek Wielkanocny

Das Osterfest wird in Polen groß gefeiert. Jeder freut sich, dass die Fastenzeit vorbei ist. Beliebte Gerichte zu Ostern sind Gemüsesalat mit Mayonnaise, Żurek, gefüllte Eier, Platten mit verschiedenen Wurstsorten und vieles mehr …
Neben gefärbten Eiern und Weidenkätzchen dürfen auch traditionelle Kuchen wie z. B. der Ostergugelhupf aus Hefeteig oder der *„Mazurek"* auf dem reich gedeckten Ostertisch nicht fehlen.
Das Lamm gilt seit jeher als christliches Symbol für Unschuld. Im religiösen Polen gehört daher zu Ostern, dem wichtigsten kirchlichen Fest, traditionellerweise ein Kuchen in Form eines Osterlamms dazu.

Schwierigkeitsgrad: einfach | **Menge:** für 1 Backform (1 Liter Fassungsvermögen)
Stückzahl: 4–6 Stück | **Arbeitszeit:** 15 Min. (ohne Backzeit)

ZUTATEN

75 g Butter
3 Eier (Gr. M)
1 Eigelb
125 g Zucker
1 P. Vanillezucker
25 g feine Speisestärke
125 g Weizenmehl Type 405
1 TL Backpulver

Osterlamm-Backform
(1 Liter Fassungsvermögen)
1 EL Butter und 1 EL Mehl
für die Form
2 EL Puderzucker
zum Bestreuen

ZUBEREITUNG

Die Butter schmelzen und abkühlen lassen, die Eier und das Eigelb mit dem Zucker und dem Vanillezucker schaumig rühren.
Die restlichen Zutaten dazugeben und unterrühren, bis ein glatter Teig entstanden ist.
Die Backform befetten und bemehlen, den Teig in die Backform füllen.
Im auf 180 °C vorgeheizten Backofen ca. 30–35 Minuten backen, anschließend auskühlen lassen.
Das Lamm unten gerade schneiden (damit man es aufstellen kann, wie am Foto zu sehen ist) und mit Puderzucker bestreuen.

RÖMISCHER BRATEN

Pieczeń rzymska

Dieses typische Festtagsgericht wird besonders gern in der Osterzeit serviert. Der Braten wird auch oft kalt gegessen, dazu reicht man Brot und Salzgurken.

Schwierigkeitsgrad: einfach | **Portionen:** 6–8 | **Arbeitszeit:** 15 Min. (ohne Garzeit)

ZUTATEN

1,2 kg Schweinehackfleisch
1 Zwiebel
2 Knoblauchzehen
1 EL Öl
1 EL Butter
5 EL Paniermehl
1 Ei (Gr. M)
1 TL Senf
2 EL klein gehackte Petersilie
½ TL Salz
½ TL Majoran
frisch gemahlener Pfeffer
4 hart gekochte Eier

1 Kastenform (ca. 30 x 10 cm)
1 TL Butter und 1 EL Paniermehl für die Form

ZUBEREITUNG

Hackfleisch in eine Schüssel geben. Zwiebel und Knoblauch schälen und fein hacken, in einer Pfanne Öl und Butter erhitzen, Zwiebel und Knoblauch darin glasig andünsten, dann zum Hackfleisch geben.

Paniermehl, Ei, Senf und Petersilie ebenfalls beifügen und alle Zutaten gut vermengen, mit Salz, Majoran und Pfeffer nach Belieben abschmecken.

Die Form mit Butter befetten und mit Paniermehl ausstreuen, die Hälfte vom Hackfleisch in der Form verteilen.

Die geschälten Eier in gleichmäßigem Abstand auf das Hackfleisch legen und mit der restlichen Hackfleischmasse bedecken.

Im auf 180 °C vorgeheizten Backofen ca. 50–60 Minuten backen.

TIPP

Warm serviert man den Braten am besten mit Petersilienkartoffeln oder Kartoffelpüree als Beilage.

OSTERKUCHEN

Mazurek

Dieser spezielle Kuchen, der in Polen zu Ostern gebacken wird, besteht aus einer Art Mürbeteigboden, der mit verschiedenen üppigen Glasuren versehen und farbenfroh und reich verziert wird. Früher konnte man anhand der Dekoration des Kuchens auf den Reichtum der Familie schließen. Je wohlhabender die Familie, desto bunter der Kuchen!

Schwierigkeitsgrad: einfach | **Menge:** für 1 Backform (ca. 20 x 30 cm)
Stückzahl: ca. 10 Stück | **Arbeitszeit:** 15 Min. (ohne Warte- und Backzeit)

ZUTATEN

KUCHEN
170 g Weizenmehl Type 405
120 g fein gemahlene Nüsse
50 g Zucker
150 g kalte Butter, in Stücke geschnitten
1 Ei (Gr. M)
1 Prise Salz

1 rechteckige Backform (ca. 20 x 30 cm)
etwas Butter für die Form

GLASUR UND VERZIERUNG
80 ml Sahne (30 % Fettanteil)
300 g Milchschokolade mit Nüssen
5 EL klein gehackte Nüsse
(nach persönlicher Vorliebe)

TIPP

Glasur-Varianten sind z. B. bunt gefärbte Zuckerglasuren, Punschglasur oder Karamellglasur … Verziert werden kann der Osterkuchen mit bunten Ostersüßigkeiten, frischen oder getrockneten Früchten, allen Sorten von Nüssen, Schokoraspeln oder Kokosflocken.

ZUBEREITUNG

Kuchen: Die Teigzutaten gut verkneten, bis ein glatter Teig entsteht, diesen zugedeckt ca. 30 Minuten kalt stellen. Dann den Teig auf einer bemehlten Arbeitsfläche in Größe der Form ausrollen.
Die Form mit dem Teig auslegen, den Teig am Rand ca. 1 cm hochziehen und andrücken, den Teigboden mehrmals mit einer Gabel einstechen.
Den Teig in der Form weitere 30 Minuten in den Kühlschrank stellen, danach im auf 160 °C Ober-/Unterhitze vorgeheizten Backofen ca. 35 Minuten backen, aus dem Ofen nehmen und auskühlen lassen.
Glasur: Die Sahne und die in Stücke gebrochene Schokolade in einem kleinen Topf bei mittlerer Hitze unter ständigem Rühren erhitzen, bis die Schokolade vollständig geschmolzen ist, den Kuchen mit der Schokoladenglasur bestreichen und mit Nüssen dekorieren.

SÜSSE GERICHTE & KUCHEN

HEFEKÜCHLEIN MIT ÄPFELN

Racuchy drożdżowe z jabłkami

Ob zum Frühstück, Mittagessen oder Abendessen – diese Küchlein sind schnell gemacht und schmecken immer!

Schwierigkeitsgrad: mittel | **Portionen:** 4–5 | **Stückzahl:** ca. 12–15
Arbeitszeit: 20 Min. (ohne Warte- und Backzeit)

ZUTATEN

500 g Weizenmehl Type 405
30 g frische Hefe
2 EL Zucker
500 ml lauwarme Milch
1–2 Äpfel
1 Ei (Gr. M)
1 P. Vanillezucker
1 Prise Salz

Öl zum Ausbacken
Puderzucker zum Bestreuen

TIPP

Die Hefeküchlein schmecken auch kalt sehr gut, man kann sie mit Konfitüre oder Kompott servieren.

ZUBEREITUNG

Mehl in eine Schüssel sieben, in der Mitte eine Vertiefung machen.
Hefe zerbröckeln, mit 1 TL Zucker und 50 ml lauwarmer Milch verquirlen, in die Vertiefung gießen und zugedeckt an einem warmen Ort ca. 10–15 Minuten gehen lassen.
Äpfel schälen, vierteln, vom Kerngehäuse befreien und in ganz dünne Spalten schneiden.
Die restlichen Teigzutaten in die Schüssel geben und alle Zutaten zu einem glatten Teig verrühren, zugedeckt an einem warmen Ort gehen lassen, bis der Teig sein Volumen verdoppelt hat.
In einer Pfanne ein wenig Öl erhitzen, jeweils 1–2 EL vom Teig als Häufchen in die Pfanne geben und etwas flach drücken, 2–3 Apfelspalten darauflegen, bei mittlerer Hitze einige Minuten auf der ersten Seite backen, sobald die Ränder anfangen braun zu werden, Küchlein wenden und auf der zweiten Seite goldbraun backen.
Mit Puderzucker bestreut servieren.

ÜBERBACKENE PFANNKUCHEN MIT QUARK UND BLAUBEEREN

Naleśniki zapiekane z twarogiem i jagodami

Pfannkuchen in jeglicher Variation, ob süß oder pikant gefüllt, ob überbacken oder nicht, mit einer Sauce oder anderen Beilagen serviert, haben einen festen Platz in der polnischen Küche. Sie sind eine schnell und einfach zubereitete Mahlzeit. Noch dazu schmecken sie nicht nur Kindern, sondern finden auch bei Erwachsenen Anklang.

Schwierigkeitsgrad: leicht | **Stückzahl:** ca. 6 Stück | **Arbeitszeit:** 25Min. (ohne Garzeit)

ZUTATEN

PFANNKUCHEN
230 g Mehl Typ 405
2 Eier (Gr. M)
1 ½ TL Backpulver
300 ml Milch
2 EL Zucker

Öl zum Ausbacken

FÜLLUNG
500 g Speisequark Magerstufe
2-4 EL Zucker oder Honig
1 P. Vanillezucker

TOPPING
100 g Naturjoghurt
100 g Speisequark
1 EL Zucker
ca. 125 g Blaubeeren

ZUBEREITUNG

Pfannkuchen: All Teigzutaten glatt verrühren. Wenig Öl in einer gut beschichteten Pfanne erhitzen. Einen Schöpflöffel von der Masse in die Pfanne geben und durch Schwenken der Pfanne verteilen, bis der Boden dünn bedeckt ist. Pfannkuchen etwa 1 Minute bei mittlerer Hitze hellbraun anbacken, dann wenden und auf der zweiten Seite ebenfalls hellbraun ausbacken. So fortfahren, bis die Pfannkuchen alle ausgebacken sind.

Füllung: Die Zutaten gut verrühren. Die Pfannkuchen damit füllen und die Pfannkuchen zusammenrollen. Anschließend die Pfannkuchen in eine befettete Auflaufform schichten und im auf 180 °C vorgeheizten Backofen ca. 10–13 Minuten überbacken.

In der Zwischenzeit für das Topping Naturjoghurt mit Speisequark und Zucker vermengen.

Die überbackenen Pfannkuchen mit der Creme und Blaubeeren garnieren.

HEFEBRÖTCHEN
GEFÜLLT MIT BLAUBEEREN

Jagodzianki

Dieses typisch polnische Gebäck erinnert mich an die Sommermonate meiner Kindheit: Mit den Blaubeeren, die wir im Wald gesammelt haben, hat meine Oma ihre Hefebrötchen gefüllt.

Schwierigkeitsgrad: mittel | **Stückzahl:** ca. 16 Stück
Arbeitszeit: 35 Min. (ohne Warte- und Backzeit)

ZUTATEN

TEIG (ALLE ZUTATEN ZIMMERTEMPERATUR)
500 g Weizenmehl Type 405
40 g Hefe
100 g Zucker
250 ml lauwarme Milch
100 g Butter
1 Ei (Gr. M)
5 Eigelb
1 Prise Salz

FÜLLUNG
ca. 300 g Blaubeeren
2 EL Puderzucker

ZUM BESTREICHEN
1 Ei (Gr. M)
1 EL Milch

GLASUR
100 g Puderzucker
2–3 EL heißes Wasser

ZUBEREITUNG

Füllung: Blaubeeren verlesen und mit dem Puderzucker vermischen.
Teig: Mehl in eine Schüssel sieben und in der Mitte eine Mulde machen.
Hefe zerbröckeln, mit 1 TL Zucker und 50 ml lauwarmer Milch verquirlen, in die Vertiefung gießen und zugedeckt an einem warmen Ort ca. 10–15 Minuten gehen lassen.
Butter schmelzen und abkühlen lassen, mit den restlichen Teigzutaten in die Schüssel zum Mehl und zur aufgegangenen Hefemischung geben, mit den Knethaken des Handmixers (oder mit der Küchenmaschine oder auch mit der Hand) gut verkneten, bis ein geschmeidiger Teig entstanden ist, zugedeckt an einem warmen Ort gehen lassen, bis er sein Volumen verdoppelt hat.
Den aufgegangenen Hefeteig auf einer bemehlten Arbeitsfläche zu einer Rolle formen, in 16 Stücke schneiden, diese zu Kugeln formen und anschließend in der Hand flach drücken.
Auf jedes Teigstücke mittig 1 EL Füllung geben und die Füllung mit dem

Fortsetzung auf der nächsten Seite

Teig umschließen, Teigränder gut zusammendrücken, ovale Brötchen formen und mit der Nahtstelle nach unten auf zwei mit Backpapier ausgelegte Backbleche legen, 10 Minuten an einem warmen Ort gehen lassen.
Ei und Milch verquirlen und die Brötchen damit bestreichen.
Im auf 180 °C Ober-/Unterhitze vorgeheizten Backofen ca. 20 Minuten backen (nur ein Blech in den Ofen geben).
Glasur: Puderzucker mit heißem Wasser glatt rühren und die ausgekühlten Gebäckstücke dünn damit überziehen.

TIPP

Diese süßen Brötchen gehören in Polen in den Sommermonaten zum Standardrepertoire jeder Bäckerei und jeder Hausfrau, die gerne bäckt. Original werden sie mit frischen, im Wald gesammelten Blaubeeren gefüllt, denn Kulturblaubeeren sind zu wässrig. Wenn man aber keine Möglichkeit hat, frische Waldblaubeeren zu erhalten, kann man abgetropfte Tiefkühl-Blaubeeren verwenden.

APFELKUCHEN

Szarlotka

Dieser himmlische Kuchen überzeugt mit einem wunderbaren Mürbteigboden, saftigem Apfelbelag und traumhaft knusprigem Streusel. Ich verdanke das traditionelle Familienrezept meiner Tante Jolanta. Immer wenn ich sie besuche, bäckt sie diesen Kuchen für mich.

Schwierigkeitsgrad: einfach | **Menge:** für 1 Springform (24–25 cm Ø)
Stückzahl: ca. 8–10 Stück | **Arbeitszeit:** 25 Min. (ohne Warte- und Backzeit)

ZUTATEN

TEIG

300 g Weizenmehl Type 405
5 EL Zucker
1 P. Vanillezucker
250 g kalte Butter
2 TL Backpulver
1 Ei (Gr. M)
1 Prise Salz

BELAG

1,5 kg Äpfel
1 TL Zimt
2 EL Zucker

1 Springform (24–25 cm Ø)
Butter und Mehl für die Form

ZUBEREITUNG

Teig: Alle Teigzutaten gut verkneten, bis ein glatter Teig entsteht, zwei Drittel des Teiges etwas größer als die Springform ausrollen und in die befettete und bemehlte Form drücken (den Teig am Rand festdrücken).
Die Form sowie den restlichen Teig 30 Minuten im Kühlschrank kalt stellen.
Belag: Äpfel schälen und grob reiben, in einem Topf bei mittlerer Hitze mit Zimt und Zucker ca. 15–20 Minuten dünsten, immer wieder umrühren.
Äpfel abkühlen lassen, in ein Sieb geben, sodass die Flüssigkeit abtropfen kann.
Die Äpfel gleichmäßig auf dem Kuchenboden verteilen.
Den restlichen Teig zu Streusel zerkrümeln und gleichmäßig über den Äpfeln verteilen.
Den Kuchen im auf 180 °C Ober-/Unterhitze vorgeheizten Backofen ca. 50 Minuten backen.

MOHNSTRUDEL

Makowiec

Ein Muss auf jedem festlich gedeckten Tisch in Polen ist der „*Makowiec*", ein mit Mohn gefüllter Strudel aus Hefeteig. Auch zu Weihnachten oder Ostern wird er häufig gebacken. Mohn steht symbolisch für Fruchtbarkeit und ruhigen Schlaf, außerdem soll er Glück bringen.

Schwierigkeitsgrad: mittel | **Menge:** für 2 Mohnstrudel | **Stückzahl:** 14–16 Stück
Arbeitszeit: 20 Min. (ohne Warte- und Backzeit)

ZUTATEN

TEIG (ALLE ZUTATEN ZIMMERTEMPERATUR)
500 g Weizenmehl Type 405
42 g frische Hefe
50 g Zucker
200 ml lauwarme Milch
50 g Butter
4 Eigelb
1 Prise Salz

FÜLLUNG
850 g fertige Mohnfüllung (z. B. Mohn-Fix, in gut sortierten Supermärkten erhältlich)
3 Eiweiß
50 g Rosinen

ZUCKERGUSS
150 g Puderzucker
3–4 EL Zitronensaft oder Wasser

ZUBEREITUNG

Teig: Mehl in eine Schüssel sieben und in der Mitte eine Vertiefung machen. Hefe zerbröckeln, mit 1 TL Zucker und 50 ml lauwarmer Milch verquirlen, in die Vertiefung gießen und zugedeckt an einem warmen Ort ca. 10–15 Minuten gehen lassen.

Butter schmelzen und abkühlen lassen, mit den restlichen Teigzutaten in die Schüssel geben, mit den Knethaken des Handmixers (oder mit der Küchenmaschine oder mit den Händen) gut verkneten, bis ein geschmeidiger Teig entstanden ist.

Teig zugedeckt an einem warmen Ort gehen lassen, bis er sein Volumen verdoppelt hat.

Füllung: Fertige Mohnfüllung aus der Verpackung in eine Schüssel geben, Eiweiße steif schlagen und mit den Rosinen vorsichtig unter die Mohnmasse heben.

Teig in zwei Teile teilen, beide Teile auf einer bemehlten Arbeitsfläche zu ca. 5 mm dicken Rechtecken ausrollen. Die Mohnfüllung darauf verstreichen,

Fortsetzung auf der nächsten Seite

am oberen Rand ca. 2 cm frei lassen, beide bestrichenen Teigstücke eng zu Strudeln einrollen, diese locker in jeweils 2 übereinandergelegte Backpapierbögen einrollen (zwischen dem Strudel und dem Backpapier soll ca. 1 cm Abstand/Hohlraum bleiben*). Die Strudel im Backpapier ca. 15 Minuten gehen lassen, den Backofen auf 180 °C Ober-/Unterhitze vorheizen. Die Mohnstrudel (auch weiterhin in Backpapier gewickelt!) auf ein Backblech setzen und ca. 30–40 Minuten backen.

Danach ca. 15 Minuten abkühlen lassen und aus dem Backpapier auswickeln.

Zuckerguss: Die Zutaten gut vermengen und die Mohnstrudel damit bepinseln.

TIPP

*** Der Strudel muss in Backpapier gewickelt werden, weil er sonst zu sehr aufgeht, das Backpapier drückt den Teig zusammen und verhindert, dass sich zwischen dem Hefeteig und der Mohnfüllung ein großer Hohlraum bildet.**

KRAKAUER KÄSEKUCHEN

Sernik krakowski

Das Rezept ist in unserer Familie ein bewährter Klassiker. Meine Oma hat diesen Kuchen immer zu ganz besonderen Anlässen, oft auch zu Ostern gebacken. Wenn man die Zutatenmengen ansieht, scheint dieser Käsekuchen sehr mächtig zu sein – aber er zergeht auf der Zunge und schmeckt einfach wunderbar!

Schwierigkeitsgrad: mittel | **Menge:** für 1 Backform (ca. 20 x 30 cm)
Stückzahl: ca. 10 Stück | **Arbeitszeit:** 25 Min. (ohne Warte- und Backzeit)

ZUTATEN

TEIG
350 g Weizenmehl Type 405
170 g Butter
1 Ei (Gr. M)
1 Eigelb
100 g Zucker
1 P. Vanillezucker
1 TL Backpulver

1 Backform (ca. 20 x 30 cm)
Backpapier für die Form

KÄSEMASSE
5 Eiweiße
8 Eigelb
150–200 g Puderzucker
1 P. Vanillezucker
1 Prise Salz
1 kg Quark (40 % Fettanteil)
250 g geschmolzene Butter
100 g Rosinen
50 g Speisestärke

ZITRONENGUSS
100 g Puderzucker
Saft von ½ Zitrone

ZUBEREITUNG

Teig: Teigzutaten glatt verkneten, zu einer Kugel formen und flach drücken, in Klarsichtfolie verpackt ca. 30 Minuten kalt stellen.
Den halben Teig auf einem Stück Backpapier in der Größe der Form ausrollen und mit dem Backpapier in die Form legen, den Teig an den Seitenrändern festdrücken, die Form und den restlichen Teig wieder kalt stellen.
Käsemasse: Eiweiße steif schlagen, Eigelbe mit Puderzucker, Vanillezucker und Salz schaumig schlagen.
Anschließend Quark, flüssige Butter, Rosinen und Speisestärke dazugeben und verrühren, zum Schluss den Eischnee unterheben, Käsemasse in der Form verteilen und glatt streichen.
Restlichen Teig ca. 3 mm dick ausrollen und in gleichmäßige Streifen schneiden, diese gitterförmig auf die Käsemasse legen.
Den Kuchen im auf 180 °C Ober-/Unterhitze vorgeheizten Backofen ca. 55 Minuten backen, danach auskühlen lassen.
Zitronenguss: Puderzucker in einer Schüssel mit dem Zitronensaft verrühren, anschließend den Kuchen damit bestreichen.

KÄSEKUCHEN
MIT MASCARPONEHAUBE UND FRISCHEN BLAUBEEREN

Sernik z mascarpone i jagodami

Polen ist sozusagen eine „Käsekuchennation", und es gibt viele köstliche Variationen des beliebten Desserts. Weil die Polen Heidelbeeren ebenso lieben wie Käsekuchen, ist diese Variation ist unschlagbar!

Schwierigkeitsgrad: mittel | **Menge:** für 1 Springform (ca. 26 cm Ø)
Stückzahl: ca. 10 Stück | **Arbeitszeit:** 20 Min. (ohne Backzeit)

ZUTATEN

KUCHEN
5 Eier (Gr. M)
230 g Zucker
1 Prise Salz
1 P. Vanillezucker
1 Msp. Vanilleextrakt
1 kg Magerquark
1 P. Vanillepuddingpulver
60 g Mehl
1 Bio-Zitrone (Saft und abgeriebene Schale)

etwas Butter und Mehl für die Form

MASCARPONEHAUBE
100 g Sahne
200 g Mascarpone
2-4 EL Zucker (oder mehr)
1 P. Vanillezucker
ca. 150 g Blaubeeren

ZUBEREITUNG

Kuchen: Die Eier trennen. Die Eiweiße mit einem Teil des Zuckers und dem Salz steif schlagen.
Die Eigelbe mit dem restlichen Zucker, Vanillezucker und Vanilleextrakt cremig rühren.
Den Magerquark, das Vanillepuddingpulver, Mehl, Zitronensaft und -abrieb hinzufügen und alles gut verrühren.
Den steif geschlagenen Eischnee vorsichtig nach und nach unter die Quarkmasse heben.
Die Masse in die befettete und bemehlte Springform geben und den Käsekuchen im auf 175 °C vorgeheizten Backofen ca. 50 Minuten backen.
Danach abkühlen lassen (der Kuchen wird sich während des Abkühlens wieder senken).
Mascarponehaube: Die Sahne steif schlagen. Mascarpone mit Zucker und Vanillezucker verrühren. Die Sahne unterheben. Die Creme auf dem abgekühlten Kuchen verteilen und mit Blaubeeren garnieren.

RHABARBERKUCHEN
MIT BAISER UND STACHELBEEREN

Ciasto z rabarbarem i agrestem

Dieses Kuchenrezept liebt meine Familie! Der feine Kuchen mit Rhabarber und Stachelbeeren kann vom Obst her natürlich abgewandelt werden. Je nach Saison und persönlichen Vorlieben können Erdbeeren, Blaubeeren, Aprikosen, Himbeeren, Äpfel, Birnen und vieles mehr verwendet werden.

Schwierigkeitsgrad: leicht | **Menge:** 1 Springform (26–28 cm Ø)
Stückzahl: ca. 12 Stück | **Arbeitszeit:** 40 Min. (ohne Backzeit)

ZUTATEN

KUCHENMASSE
ca. 120 g Rhabarberstängel
200 g weiche Butter
4 Eier (Gr. M)
200 g Weizenmehl
150 g Puderzucker
1 TL Backpulver
1 P. Vanillezucker

BAISER
3 Eiweiß
1 Prise Salz
2 TL Kartoffelstärke
150 g Zucker

ca. 150 g Stachelbeeren zum Garnieren

ZUBEREITUNG

Kuchen: Rhabarberstängel schälen, in etwa 1–2 cm lange Stücke schneiden. Die weiche Butter cremig rühren. Die restlichen Kuchenzutaten hinzufügen und alles gut miteinander vermengen, zum Schluss die vorbereiteten Rhabarberstücke unter die Kuchenmasse heben.
Teig in die mit Backpapier ausgelegte Springform geben und glatt streichen. Im auf 180 °C Ober/Unterhitze vorgeheizten Backofen ca. 20 Minuten backen.
Baiser: Eiweiß in einer sauberen Schüssel mit Salz steif schlagen. Sobald das Eiweiß aufschäumt, langsam den mit der Kartoffelstärke vermischten Zucker einrieseln lassen. So lange steif schlagen, bis die Masse schnittfest ist.
Den Kuchen aus dem Ofen nehmen, die Baisermasse auf dem Kuchen verteilen (nicht ganz glatt streichen, das Baiser kann „wellenförmige" Erhebungen haben). Anschließend den Kuchen weitere 20 Minuten backen.
Stäbchenprobe machen, fertigen Kuchen aus dem Ofen nehmen und auskühlen lassen. Vor dem Servieren die Baiserhaube mit Stachelbeeren garnieren.

HEFEKUCHEN MIT STREUSEL

Placek drożdżowy z kruszonką

Früher gab es in Polen in den meisten Haushalten nur einfache Zutaten, wie Mehl, Eier, Zucker, Milch, aus denen jedoch unglaubliche Köstlichkeiten entstehen können. Ich kann mich erinnern, dass wir diesen fluffigen Kuchen früher sehr oft gebacken haben, der Duft strömte durch unser Haus, und ich und meine Geschwister stritten uns um die letzten Stücke. Dazu ein Glas Milch, und wir waren einfach glücklich.

Schwierigkeitsgrad: mittel | **Menge:** für 1 Auflaufform (ca. 18 x 27 cm)
Stückzahl: 8–10 Stück | **Arbeitszeit:** 15 Min. (ohne -Warte- und Backzeit)

ZUTATEN

TEIG (ALLE ZUTATEN ZIMMERTEMPERATUR)
300 g Weizenmehl Type 405
25 g frische Hefe
45 g Zucker
125 ml lauwarme Milch
50 g Butter
1 Ei (Gr. M)
1 P. Bourbon-Vanillezucker
1 Prise Salz

1 Ei zum Bestreichen

1 Auflaufform (ca. 18 x 27 cm)
oder 1 Springform (ca. 25 cm Ø)
Butter und Mehl für die Form

STREUSEL
50 g Butter
10 EL Mehl
1 P. Bourbon-Vanillezucker
4 TL Zucker

ZUBEREITUNG

Teig: Mehl in eine Schüssel sieben und in der Mitte eine Mulde machen.
Hefe zerbröckeln, mit 1 TL Zucker und 50 ml lauwarmer Milch verquirlen, in die Vertiefung gießen und zugedeckt an einem warmen Ort ca. 10–15 Minuten gehen lassen.
Butter schmelzen und abkühlen lassen, mit den restlichen Teigzutaten in die Schüssel geben, gut verkneten, bis ein geschmeidiger Teig entstanden ist.
Den Teig zugedeckt an einem warmen Ort gehen lassen, bis er sein Volumen verdoppelt hat.
Streusel: Die Zutaten in einer Rührschüssel vermengen und in grobe Streusel zerkrümeln.
Die Form befetten und bemehlen, den Teig in die Form füllen, mit dem verquirlten Ei bestreichen und mit den Streuseln bestreuen.
Den Kuchen im auf 180 °C vorgeheizten Backofen ca. 35–40 Minuten goldbraun backen.

QUARKKUCHEN MIT SOMMERFRÜCHTEN UND STREUSEL

Ciasto z owocami

Wenn man diesen Kuchen genießt, spürt man förmlich warme Sonnenstrahlen auf dem Gesicht! Welche Früchte man verwendet, bleibt dem persönlichen Geschmack überlassen. Marillen, Kirschen, Pfirsiche, Nektarinen oder auch verschiedenste Beeren eignen sich bestens, um den Geschmack des Sommers zu vermitteln!

Schwierigkeitsgrad: einfach | **Menge:** für 1 Springform (26 cm Ø)
Stückzahl: 10–12 Stück | **Arbeitszeit:** 20 Min. ohne Backzeit

ZUTATEN

TEIG
225 g Weizenmehl Type 405
5 EL Zucker
1 TL Backpulver
150 g kalte Butter
1 Ei
1 P. Bourbon-Vanillezucker

1 Springform (26 cm Ø)
Backpapier oder
Butter und Mehl für die Form

QUARKMASSE
750 g Quark (20 % Fettanteil)
120 g Zucker
1 Ei
1 P. Vanillepudding
1 P. Bourbon-Vanille7ucker

ca. 150 g Marillen
(oder beliebige andere Früchte)
Puderzucker zum Bestreuen

ZUBEREITUNG

Teig: Alle Teigzutaten mit den Händen zu einem glatten Teig verkneten, zu einer Kugel formen, in Klarsichtfolie verpackt ca. 60 Minuten kalt stellen.
Die Springform mit Backpapier auskleiden oder befetten und bemehlen.
Gut die Hälfte vom Teig in der Größe der Form auswalken und in die Springform geben.
Quarkmasse: Alle Zutaten zügig verrühren, die Masse auf dem Teigboden gleichmäßig verteilen und glatt streichen, die Marillen halbieren, entsteinen und in Spalten schneiden, diese auf der Quarkmasse verteilen.
Anschließend den restlichen Teig zerkrümeln und den Streusel auf den Früchten verteilen.
Im auf 180 °C vorgeheizten Backofen ca. 60 Minuten goldbraun backen.
Den Kuchen aus dem Backofen nehmen und auf einem Kuchengitter ca. 15 Minuten auskühlen lassen, dann den Kuchen aus der Springform lösen, vor dem Servieren den Kuchen mit Puderzucker bestreuen.

PFLAUMENKUCHEN

Ciasto ze śliwkami

Am besten schmecken Pflaumen frisch vom Baum, deshalb sollte man im Spätsommer und Frühherbst die Pflaumensaison nutzen und die herrlich süß-säuerlichen Früchte zum Kuchenbacken verwenden. Pflaumen kann man auch gut einfrieren oder zu Konfitüre verarbeiten!

Schwierigkeitsgrad: einfach | **Menge:** für 1 Springform (22 cm Ø)
Stückzahl: ca. 6 Stück | **Arbeitszeit:** 20 Min. (ohne Backzeit)

ZUTATEN

KUCHENMASSE
250 g Weizenmehl Type 405
2 TL Backpulver
125 g weiche Butter
125 g Zucker
3 Eier (Gr. M)
1 P. Bourbon-Vanillezucker

1 Springform (ca. 22 cm Ø)
etwas Butter und Mehl für die Form

BELAG
ca. 250 g Pflaumen
3 TL Mandelblättchen
2 TL Zucker zum Bestreuen

ZUBEREITUNG

Kuchenmasse: Mehl und Backpulver vermischen und in eine Rührschüssel sieben.
Die übrigen Zutaten nacheinander zufügen und mit dem Handmixer kurz auf niedrigster, dann auf höchster Stufe zu einem glatten Teig verrühren.
Die Form befetten und bemehlen, die Kuchenmasse in die Form füllen.
Belag: Die Pflaumen waschen, entstielen, halbieren und von den Steinen befreien, die Pflaumenhälften auf der Kuchenmasse verteilen, mit den Mandelblättchen und dem Zucker bestreuen.
Den Kuchen im auf 180 °C Ober-/Unterhitze vorgeheizten Backofen ca. 40 Minuten backen.

QUARKTEILCHEN

Bułeczki drożdżowe z serem

Ob zum Frühstück oder zur Nachmittagsjause – kleine süße Gebäckstücke wie diese Quarkteilchen passen bestens zu Kaffee oder Tee.

Schwierigkeitsgrad: einfach | **Stückzahl:** ca. 8–10 Stück
Arbeitszeit: 25 Min. (ohne Warte- und Backzeit)

ZUTATEN

TEIG (ALLE ZUTATEN ZIMMERTEMPERATUR)
400 g Weizenmehl Type 405
30 g frische Hefe
70 g Zucker
150 ml lauwarme Milch
40 ml Öl
70 g geschmolzene, abgekühlte Butter
1 P. Bourbon-Vanillezucker
1 Prise Salz

Backpapier für das Blech

FÜLLUNG
400 g Speisequark
2 Eigelb
70 g Butter
80 g Zucker
1 P. Bourbon-Vanillezucker

1 Eigelb zum Bestreichen
50 g Mandeln gehobelt zum Bestreuen (nach Belieben)

ZUBEREITUNG

Teig: Mehl in eine Schüssel sieben, in der Mitte eine Vertiefung machen.
Hefe zerbröckeln, mit 1 TL Zucker in der lauwarmen Milch verquirlen, in die Vertiefung gießen und zugedeckt an einem warmen Ort ca. 10–15 Minuten gehen lassen.
Restliche Zutaten hinzufügen, mit den Knethaken des Handmixers gut verkneten, bis der Teig geschmeidig ist.
Teig zugedeckt an einem warmen Ort gehen lassen, bis er sein Volumen verdoppelt hat, dann auf einer leicht bemehlten Arbeitsfläche noch einmal kurz durchkneten, in 8–10 Stücke teilen und diese zu kleinen Kugeln formen.
Kugeln flach drücken, auf ein mit Backpapier belegtes Backblech legen und zugedeckt weitere 15 Minuten an einem warmen Ort gehen lassen, bis sie sich deutlich vergrößert haben.
Füllung: Alle Zutaten gut zu einer Creme verrühren, danach in der Mitte der Teigstücke mit den Fingern oder mit einem Glas eine Vertiefung machen, diese jeweils mit einem Klecks Quarkcreme füllen.
Den Teigrand mit verquirltem Eigelb bepinseln, falls gewünscht, mit Mandeln bestreuen und anschließend die Teilchen im auf 180 °C Ober-/Unterhitze vorgeheizten Backofen ca. 20 Minuten goldbraun backen.

SANDKUCHEN MIT ÄPFELN

Babka ucierana z jabłkami

Im Herbst beschenkt mich mein Garten mit einer Fülle an aromatischen Äpfeln. Da ich keine Möglichkeit habe, die vielen Äpfel zu lagern, werden sie direkt verarbeitet: Zu Apfelkompott, Apfelmus, Apfelsaft oder Apfelgelee. Und natürlich backe ich oft meinen Lieblings-Apfelkuchen, der minimalen Aufwand benötigt, aber für maximalen Kuchengenuss sorgt! Dieser Kuchen gelingt selbst Backanfängern.

Schwierigkeitsgrad: einfach | **Menge:** für 1 Auflaufform (ca. 20 x 28 cm)
Stückzahl: ca. 8–10 Stück | **Arbeitszeit:** 15 Min. (ohne Backzeit)

ZUTATEN

KUCHENMASSE
200 g Butter
4 Eier (Gr. M)
120 g Zucker
200 g Weizenmehl Type 405
100 g feine Speisestärke
1 P. Bourbon-Vanillezucker
2 TL Backpulver

BELAG
ca. 800 g Äpfel

1 Auflaufform (ca. 20 x 28 cm) oder 1 Springform (26 cm Ø)
Butter und Mehl für die Form
eventuell Puderzucker zum Bestreuen

ZUBEREITUNG

Belag: Äpfel waschen, vierteln, Kerngehäuse entfernen und die Apfelviertel in dünne Spalten schneiden.
Kuchenmasse: Butter schmelzen und abkühlen lassen, Eier und Zucker mit dem Handmixer schaumig rühren.
Die restlichen Zutaten hinzufügen und unterrühren, die Masse in die befettete, bemehlte Form füllen und glatt streichen.
Die Kuchenmasse mit den Äpfeln belegen und den Kuchen im auf 180 °C Ober-/Unterhitze vorgeheizten Backofen ca. 40–45 Minuten backen.
Aus dem Ofen nehmen, abkühlen lassen und nach Belieben mit Puderzucker bestreuen.

TIPP

Man kann die Äpfel auch schälen, ich nehme aber meist ungeschälte Äpfel!

STREUSELBRÖTCHEN

Drożdżówki z kruszonką

Die Polen lieben süßes Gebäck. Zu den beliebtesten Teilchen gehören diese Brötchen mit Streusel – man bekommt sie in jeder Bäckerei.

Schwierigkeitsgrad: mittel | **Stückzahl:** ca. 6–8 Stück
Arbeitszeit: 25 Min. (ohne Warte- und Backzeit)

ZUTATEN

TEIG (ALLE ZUTATEN ZIMMERTEMPERATUR)
400 g Weizenmehl Type 405
30 g frische Hefe
75 g Zucker
250 ml lauwarme Milch
100 g Butter
1 P. Vanillezucker
3 Eigelb

1 Eiweiß zum Bestreichen

STREUSEL
100 g Mehl
50 g Zucker
60 g kalte Butter

TIPP

Man kann die Brötchen beliebig formen, z. B. kann man Teigstränge zu kleinen „Kordeln" drehen, aus denen man dann kleine „Nestchen" macht (siehe Rezeptfoto).

Die Brötchen schmecken mit einem Zuckerguss überzogen besonders gut. Dafür einfach 150 g Puderzucker mit 4 EL Zitronensaft vermischen.

ZUBEREITUNG

Teig: Mehl in eine Schüssel sieben, in der Mitte eine Vertiefung machen. Hefe zerbröckeln, mit 1 TL Zucker und 50 ml lauwarmer Milch verquirlen, in die Vertiefung gießen und zugedeckt an einem warmen Ort ca. 10–15 Minuten gehen lassen.
Butter schmelzen und abkühlen lassen, mit den restlichen Teigzutaten in die Schüssel geben, mit den Knethaken des Handmixers (oder mit der Küchenmaschine oder mit den Händen) gut verkneten, bis ein geschmeidiger Teig entstanden ist.
Den Teig zugedeckt an einem warmen Ort gehen lassen, bis er sein Volumen verdoppelt hat, dann auf einer leicht bemehlten Arbeitsfläche noch einmal kurz durchkneten und in 6–8 Stücke teilen, daraus kleine Kugeln formen. Teigkugeln auf das mit Backpapier belegte Backblech legen und zugedeckt so lange gehen lassen, bis sie sich deutlich vergrößert haben.
Streusel: Alle Zutaten mit den Händen vermengen und in grobe Streusel zerkrümeln.
Die Brötchen mit dem verquirlten Eiweiß bepinseln, Streusel darauf verteilen. Im auf 180 °C Ober/Unterhitze vorgeheizten Backofen etwa 20 Minuten goldbraun backen.

BEST
DAY
EVER

PIROGGEN
MIT BLAUBEERENFÜLLE

Pierogi z jagodami

Wie schon erwähnt, sind die polnischen Piroggen mit den deutschen Maultaschen zu vergleichen. Ob pikant oder süß – die Teigtaschen können ganz nach persönlichem Geschmack gefüllt werden. Im Sommer hat meine Oma oft süße Piroggen gemacht, zum Beispiel mit Blaubeeren gefüllt.

Schwierigkeit: mittel | **Portionen:** 4–6 | **Arbeitszeit:** 35 Min. (ohne Garzeit)

ZUTATEN

TEIG
300 g Weizenmehl Type 405
200 ml heißes Wasser
30 g geschmolzene Butter
1 Prise Salz

FÜLLUNG
150 g Blaubeeren
2 EL Zucker

1 EL Öl für das Kochwasser

CREME
100 g Crème fraîche
2 EL Zucker
1 P. Vanillezucker

TIPPS

Falls Teigtaschen übrig bleiben, kann man diese am nächsten Tag in einer Pfanne in erhitzter Butter anbraten.

Auch tiefgekühlte Blaubeeren oder andere Früchte eignen sich als Füllung.

ZUBEREITUNG

Füllung: Die Blaubeeren verlesen und mit dem Zucker vermischen.
Teig: Alle Zutaten in einer Schüssel vermischen und mit den Händen zu einem glatten, geschmeidigen Teig verkneten. Den Teig auf einer bemehlten Arbeitsfläche dünn ausrollen, mit einem bemehlten Trinkglas (ca. 9–10 cm Ø) Kreise ausstechen.
Jeweils 1–2 Esslöffel von den Beeren in die Mitte der Kreise geben, Teig über die Füllung klappen und die Ränder fest zusammendrücken.
In einem großen Topf reichlich Wasser mit 1 EL Öl zum Kochen bringen. Piroggen portionsweise hineingeben und ca. 3–5 Minuten köcheln lassen, gelegentlich umrühren, damit sie nicht am Topfboden festkleben.
Fertige Piroggen mit einem Schaumlöffel herausheben.
Creme: Die Crème fraîche mit dem Zucker und dem Vanillezucker vermischen und zu den Piroggen servieren.